AUTORIA
Cássio Siqueira

REVISÃO DE TEXTO
Márcia Pescuma

FOTOGRAFIAS
Sônia Mele

DIAGRAMAÇÃO
Sabrina Adorno

Maio/2019

"O gênio é o profeta do óbvio!" (Nelson Rodrigues)

"A genialidade não consiste em complicar o simples, mas em simplificar o complexo!"

Sumário

Agradecimentos

É tanta, mas tanta gente a agradecer que apaguei o que estava escrevendo e vou simplificar:

Aos Mestres, aos alunos, aos pacientes, aos colegas de profissão, aos amigos, à família.

Às duas instituições em que meu trabalho foi desenvolvido e aprimorado, Universidade de São Paulo e Care Club e a toda equipe de Reeducação Funcional destas instituições.

Nominalmente, à minha chefe, orientadora e parceira, Profa. Clarice Tanaka e ao meu grande parceiro, amigo e afilhado, Renan Malvestio, que não é autor deste livro porque eu tive o egoísmo de escrever sozinho, mas tudo que o livro contém, não existiria sem ele.

Aos meus pais, meus irmãos e minha eterna parceira, Jô.

Gratidão eterna.

Prefácio

Touro sentado

Uma pitada de sinceridade para começar essa conversa: não dei muita bola para aquele rapazote quando fui abordado em um treino. Sou uma espécie de ateu apostólico romano para qualquer tipo de terapia alternativa. E o sujeito veio com uma conversa sobre postura, lesões, análise de movimento, para mim aquilo soou pra lá de esotérico. Eu era o diretor brasileiro da Revista Runner's World Brasil, a principal publicação de corrida no mundo. Por isso ele me procurava. Só resolvi escutar com mais atenção a conversinha porque Cássio havia sido recomendado pelo meu amigo e guru da corrida Marcos Paulo Reis. Se MPR, por alguma razão, estava dando corda para o sujeito, eu tinha a obrigação de ao menos prestar atenção no que ele dizia.

Assim, numa manhã ensolarada no Parque Ibirapuera, conheci o Cássio Siqueira. Quebrada a resistência inicial, tentei entender o que ele estava dizendo. E fazia mesmo sentido o que pregava. Basicamente, correr é uma repetição infernal de movimentos. Se algo está errado, o erro se repetirá milhares de vezes. De que adianta o tratamento clássico de lesões (repouso + anti-inflamatório + 10 sessões de fisioterapia) se na volta da prática esportiva o movimento equivocado será repetido?

O próprio Cássio quem sugeriu que eu me transformasse em cobaia. Ele analisaria a minha corrida, faria um diagnóstico e tentaria corrigir algum eventual problema. Na verdade, meu problema não era eventual coisa nenhuma. Eu sofria com uma pubalgia crônica, sentia dores no quadril. Além disso, penava com câimbras nas panturrilhas em finais de provas. Topei.

Cássio filmou minha corrida e ficou de mostrar a análise de meus movimentos. Fui na clínica dele e percebi como eu corria meio curvado, meio agachado. Com esse desequilíbrio, o púbis sofria. As panturrilhas eram sobrecarregadas. Nunca tinha imaginado que os dois problemas podiam estar relacionados. Lógico que estavam, estava claro que ele tinha razão. Fiquei me sentindo culpado por não levar Cássio a sério quando o conheci. Eu já acreditava no diagnóstico, só me faltava crer na cura...

Na minha cabeça, corredor que nasce torto... morre torto. Como assim reeducar um corredor? Não fazia sentido. Não posso, depois de velho, mudar minha maneira de correr. Paciente e sorridente, ele dizia que era possível. E assim começamos o 'tratamento', tudo devidamente acompanhado por nosso fotógrafo. Se funcionasse, viraria uma reportagem. Minha editora Patrícia Julianelli também estava passando pelo mesmo processo com o sócio do Cássio, o Renan Malvestio. Eu fazia o papel do corredor mais experiente, acostumado à longas distancias, e ela seria analisada como a corredora mais ocasional, de distâncias curtas.

E assim ia para a clínica e para o parque fazer os exercícios. Cansei de ouvir o mantra: "Cresce, cresce". Ele dizia que eu precisava sentir como se um fio estivesse puxando minha cabeça para cima. Ali estava o comando original. Com a cabeça sendo puxada (imaginariamente) para cima, eu acertaria a postura, abdome esticado, quadril e panturrilhas parariam de sofrer. Algumas semanas depois repetimos fotos minhas correndo. Eu era outro. O velho da primeira foto tinha dado lugar a alguém mais jovem e disposto. As dores foram sumindo sem que eu me desse conta. Havia funcionado.

Publicamos a reportagem na revista Runner's de Julho de 2011. Repliquei a reportagem no meu livro Correria no capítulo Touro Sentado. Eu já não corria mais sentado. Estava mais touro do que sentado. Meu ateísmo para terapias alternativas deu um tempo. Passei a encarar lesões de uma outra forma. Cássio tinha me ensinado que é possível um alívio imediato tratando a consequência de uma lesão. Só que a cura verdadeira só virá se a causa for tratada. E, no caso do esporte, óbvio que o movimento é a origem de tudo. Corrigir o gesto esportivo faz todo o sentido. Um par de anos anos depois, o touro sentado aqui fez a a sua melhor maratona em 3h26min. Sem dores.

Sérgio Xavier Filho
Comentarista dos canais Sportv.
Foi diretor da revista Runner's World Brasil.

Apresentação

Este livro tem um objetivo prático, direto e alcançável: orientar você de forma simples a atingir uma técnica de corrida eficiente e segura. Aquela que te faça correr melhor (mais rápido ou cansando menos) e que apresente risco mínimo de lesões.

Para isso, mais de 15 anos de experiência de trabalho com corredores de rua, que resultaram numa metodologia denominada "reeducação funcional da corrida", foram condensados, de modo que qualquer corredor possa aplicar seus princípios de forma eficiente e melhorar sua postura e seu movimento esportivo.

É um guia voltado para o corredor. Leigo ou com conhecimentos técnicos, amador ou profissional, jovem ou idoso, competitivo ou recreativo. Basta ser corredor. Basta querer melhorar sua corrida. Também pode se beneficiar do livro qualquer outro atleta que corra, jogadores de futebol, de basquete, de rugby, de tênis, enfim, qualquer um.

A metodologia utilizada foi desenvolvida na Academia (Universidade) e numa extensa prática clínica. É totalmente embasada em princípios teóricos de biomecânica e do controle neural dos movimentos. Todas as orientações e sugestões oferecidas neste livro são acompanhadas das explicações dos porquês de cada uma. Isso permite compreender melhor seu movimento e sua corrida, assim como aumenta a chance de você se convencer a segui-las.

Caso não se interesse ou não queira perder seu tempo lendo as explicações, ainda assim o guia é organizado de maneira a te permitir seguir o processo de melhoria do seu movimento de corrida. Com sessões ilustradas de exercícios, organizados de forma didática, você vai poder seguir um plano de aprendizado que, em poucas semanas, já te permitirá perceber melhoras significativas.

Espero que possa aproveitar a leitura e o treinamento em busca da corrida ideal.

E desde já apresento meu mantra da boa corrida: "CRESCE!!!"

Parte I - Compreendendo as lesões da corrida

As explicações teóricas oferecidas nesta primeira parte do livro buscam fundamentar de forma simples o treinamento do gesto esportivo, informar o corredor sobre as causas das lesões, sobre a importância do movimento de boa qualidade e sobre o processo de busca da corrida ideal. Esse conhecimento teórico permite compreender melhor o processo de treinamento e reconhecer os avanços ou possíveis problemas no decorrer de suas atividades.

Entretanto, esse conhecimento não é obrigatório ou essencial. Caso não se interesse por ler isso agora, passe para a Parte III deste livro e inicie já seu treinamento.

A história natural da lesão do corredor

ou

A história do Sr. João

João era um contador recém-aposentado. Um pouco acima do peso, não muito, mas nos últimos 20 anos, não praticou esporte algum. Não era totalmente sedentário porque andava a pé do metrô para casa, todos os dias, na volta do trabalho. Mas isso dava uns 15 minutos, só.

Apesar disso, não tinha grandes problemas de saúde. Só o colesterol alto. Mas ouviu o conselho do médico e resolveu começar uma atividade física. Sem talento para o futebol, achou que seria mais fácil começar a correr. Era só calçar o tênis e sair correndo.

– Mulher, vou sair pra comprar um tênis de corrida. Vou começar a correr. Quem sabe um dia corro uma maratona?!

Na loja, o vendedor perguntou:

– Sua pisada é neutra, pronada ou supinada? Já fez o teste?

– O quê?! Não, quero só um tênis de corrida. Qual é o

melhor?

Sem entender direito o que era isso, levou para casa um tênis com um sistema de amortecimentos moderno e com suporte para pisada pronada.

No dia seguinte, acordou cedo, calçou o tênis e saiu para correr.

Correu, correu, correu, já não aguentava mais correr. Olhou o relógio e, para seu total desânimo, tinham-se passado exatos 4 minutos! Andou por mais 5 minutos e se aventurou a correr de novo. Mais 3 minutos de corrida. Cansado, voltou pra casa caminhando, tomou banho e desabou no sofá!

– Mulher, esse negócio de corrida não é fácil, não! Mas não vou desistir.

No dia seguinte, a perna dura doía levemente. Dois dias após, a perna doía toda, subir escadas era a morte. Só de pensar em correr já doía.

Mas, no terceiro dia, estava melhor e arriscou correr de novo. Não conseguiu correr mais que 3 minutos contínuos; mesmo assim, chegou a fazer 5 séries de corrida.

Dois meses depois, estava correndo meia hora sem parar!

– Mulher, vou me inscrever numa corrida! 5 km, acho que eu consigo!

– Nossa, que orgulho! Daqui a pouco você já vai estar correndo maratona de 10 km, hein?

– Maratona tem 42 km!

– Ué, mas não existe maratona de 10 km também?! Eu já vi!

Os treinos foram ficando mais longos... Sr. João ia progredindo. Fez sua primeira provinha de 5 km. Chegou em 38 minutos, mas cruzou a linha de chegada sorrindo. Não sentia o cansaço. Vibrou com a chegada e com sua medalhinha que comprovava o feito.

Passou a comprar revistas de corrida, a se inteirar mais. Já sabia o que era pisada pronada. Começou a ouvir nomes estranhos, "Fartlek", "intervalado", "split negativo", os nomes e as características das provas mais famosas. Percebeu que 38 minutos em 5 km não era um tempo muito bom. Resolveu que buscaria os 30 minutos. Não achava que deveria procurar um treinador, uma assessoria. Era só um iniciante. – Isso é coisa pra quem já corre! – Mas resolveu seguir uma planilha de uma revista.

Foi evoluindo... Num treino, fez 5 km em 32 minutos. – Caramba! Já quase bati minha meta! Será que dá pra fazer 5 km em 28 minutos?!

E foi correndo... Chegou a 10 km, passou a pensar na São Silvestre. – 15 km no Réveillon, será que eu consigo?

...E foi correndo... Percebeu que os dias de corrida eram muito agradáveis. Ansiava pelo próximo treino. A corrida passou a ser um momento importante em sua vida. Planejava seu dia em função dos treinamentos.

– Vou correr às 7h00; às 8h00, vou ao supermercado...

Reconhecia os frequentadores do parque, olhava aqueles que corriam mais rápido que ele, os mais devagar, os mais "tortos", os que corriam mais bonito, o que usava sempre a mesma roupa, o que tinha um tênis diferente. Um cumprimento aqui, uma puxada de papo acolá, um alongamento lado a lado. Fez amigos...

E as conversas com os amigos giravam em torno de... adivinhem... Corrida, lógico!

– Hoje o treino foi duro! – Pois é, muito quente!

– Bebi ontem, aniversário da filha. Devia ter me hidratado mais.

– Já fez Bertioga-Maresias?

– Qual o seu tempo nos 10 km?

– Vou fazer a Disney esse ano...

E a corrida virou o seu mundo!

No fim de novembro, fazendo um treino longo, começou a sentir uma sensação estranha no joelho. Não era dor, era uma estranheza. Sentia que tinha joelho. Um certo desconforto que definitivamente não era dor. Mas era chatinho.

– Devo ter forçado muito. Será que ponho gelo?

Chegou em casa ainda sentindo a estranheza, mas nem se lembrou de fazer gelo. À noite, já não percebia mais.

No próximo treino, mais curto e intenso, não voltou a sentir o joelho. Não devia ser nada.

Mas no próximo treino longo, voltou a sensação. De novo, no 7º km. Será coincidência?

Dessa vez, a sensação durou mais tempo, e o Sr. João chegou a colocar gelo no local. Não sabia quanto tempo deixar, deixou até o gelo derreter, cerca de 30 minutos. Sentiu-se melhor.

Começou a ficar meio preocupado. – Será que estou com algum problema no joelho? Ah, não há de ser nada.

Mas no treino seguinte, um treino de tiros mais longos, não foi estranheza, foi dor mesmo. Uma dor na frente do joelho, parece que lá dentro, não sabia dizer ao certo onde doía, mas atrapalhou o treino. Não parou, mas não conseguiu correr como queria. Mais gelo quando chegou em casa, e mais preocupação.

Comentou a respeito com um dos conhecidos que fez no parque, que disse:

– Isso aí é tendinite no joelho! Você não se alonga antes de correr, dá nisso! E seu tênis tá velho, tem que trocar a cada seis meses.

– É, preciso alongar mesmo. Vou começar a fazer isso.

Alongou como o amigo fazia. Mas no fim do treino, dor de novo. Gelo de novo. Mais preocupação. – Será que não vou poder correr mais?

Mas na semana seguinte, os treinos da planilha da revista eram mais suaves. No primeiro, só a estranheza. Nos outros dois, nada. – Maravilha! Acho que passou! Não era nada.

E chegou o grande dia. São Silvestre. A prova mais famosa do Brasil.

Sempre via pela TV aquele povão fantasiado, correndo na virada do ano. Agora ele estaria entre eles. Não ia fantasiado, não carregava faixas, mas queria ver se conseguiria completar 15 km. A mulher estaria na chegada para recebê-lo.

Largou. Mal dava para correr de tanta gente. Aos poucos, as pessoas foram se dispersando, e foi possível correr mais. E logo uma grande descida no Pacaembu. Começou a descida, ganhou um pouco de velocidade, mas ficou com medo de acelerar demais, medo de cair, passou a ir freando um pouco. De repente, dor forte no joelho! No mesmo local das outras dores, mas dessa vez bem mais forte. Mancou, parou de correr um pouco, alongou, caminhou e tentou correr de novo. Menos dor, mas ainda estava lá.

– Não vou parar agora. Minha mulher está me esperando na chegada. Desistir, nunca!

Andou mais, correu um pouco, jogou o peso mais na outra perna, foi dando um jeito, até que chegou à famosa subida da Brigadeiro. Subiu aos trancos e barrancos. O joelho doendo. Mas assim como ele, muita gente já mais andava do que corria.

– Vou terminar!

Chegou! Viu a linha de chegada e se emocionou! Completou a São Silvestre! Mas... mancava. Tinha um misto de alegria por ter completado a prova e profunda frustração e angústia por ter sentido dor e não ter conseguido correr como queria. Demorou a encontrar a mulher. Decidiu ouvi-la. Era hora de ir ao médico ver o joelho. Mas, naquele dia mesmo, tomou um anti-inflamatório que tinha em casa e fez mais gelo.

No dia 3 de janeiro, foi ao pronto-socorro. Não ia conseguir marcar uma consulta nessa época e tinha pressa. Não queria perder muito treino.

O médico mal olhou pra ele. Pediu um raio X. – Não tem fratura. É uma inflamação por causa do impacto da corrida. Tome esse remédio e, se não melhorar, marque uma consulta com o ortopedista (– Ué, achei que você era ortopedista!).

Não confiou no médico. Marcou a consulta para dali a duas semanas. Não correu nesses dias. Tinha medo.

O ortopedista diagnosticou condromalácea (– Meu Deus, que é isso?! Deve ser um problema sério pra doer tanto!) e tendinite patelar. Indicou um anti-inflamatório, gelo, 10 sessões de fisioterapia e um mês sem correr!

Saiu triste do médico. – UM MÊS SEM CORRER!!!!

Mas resolveu seguir à risca. A fisioterapia era entediante, choquinho, ultrassom e uns alongamentos dolorosos. Pelo menos a fisioterapeuta era bonitinha e simpática.

Um mês e dez sessões depois, finalmente poderia voltar a correr. Estava sem dor já fazia tempo. No dia a dia, só doía um pouco para descer escadas, mas até isso já tinha melhorado.

Enfim, voltou aos treinos. Resolveu voltar leve. 30

minutos tranquilo.

Sofreu pra caramba. – Nossa, como perdi condicionamento!

Mas estava feliz. Completou o treino sem dor.

Voltou a seguir as planilhas, foi recuperando o condicionamento perdido, mas não sem sofrimento. – Nossa, como é difícil voltar!

Já estava planejando a próxima prova. Queria fazer 10 km em menos de uma hora. Será que um dia conseguiria?

Mais um mês de treino e, sem mais nem menos, estranheza no joelho!!! – NÃO, NÃO, NÃO! NÃO É POSSÍVEL!! – Chegou em casa e já tomou de novo o remédio que o médico tinha indicado e fez gelo. Não era possível que o joelho ia apitar de novo! Será que corrida não era para ele?

A dor foi voltando aos poucos. Ouviu de tudo: " Você não faz fortalecimento!"; "Já fez o teste da pisada? Tem que colocar uma palmilha!"; "Seu tênis tem muito amortecimento, o certo é correr descalço."; "Tem que fazer pilates!"; "Não tem jeito, joelho é complicado mesmo. Tem que cuidar, alongar e fazer fisioterapia direto, se quiser correr!"; "Um amigo meu passou sebo de carneiro. Melhor remédio!"; "Que nada! Isso aí só com Diprospan!"; "Acupuntura!"; "Tenho um massagista ótimo pra te indicar. Tem que soltar bastante. Isso é músculo preso."; "Seu tênis não tem amortecimento!"; "Você fez muito volume!"; "Não toma suplementos."; "Não fortalece o CORE!!! (– Quem?)"; "Xii, amigo meu foi assim. Só com cirurgia!".

– Calem-se, calem-se, calem-se! Vocês me deixam loooouco!!!

Continuou correndo. Foi se adaptando, em alguns dias, doía, em outros, não. Mas enquanto ia driblando a dor do joelho, começou uma estranheza no quadril do outro lado! – Nãããão!! Corrida não é pra mim. Tenho problema no joelho. Agora o quadril também está ficando ruim. Acho que vou ter que fazer natação!

...

Você já passou por algo assim? Conhece alguém que passou por algo parecido? Essa história te soa familiar?

Pois é, essa é a história natural da lesão na corrida. Do iniciante e do atleta de elite. Vamos entender por que isso acontece, para poder mudar o curso dessa história?

Para que o Sr. João possa ter vida longa na corrida, vamos compreender de onde vêm as lesões, como surgem e como podem ser tratadas e prevenidas.

Entenda como ocorrem as lesões da corrida

Para entendermos o surgimento das lesões na corrida, é necessário entender que qualquer lesão do aparelho locomotor ocorre por sobrecarga mecânica. Para se machucar osso, músculo, tendão, ligamento, bursa, etc., é preciso ter uma força aplicada ao tecido que supere a capacidade do tecido em resistir a essa força. A não ser em casos de doenças autoimunes, em que o corpo produz anticorpos contra si mesmo. Mas aí, já é outra história.

Um pesquisador chamado Hreljac desenhou um gráfico que ajuda a entender isso. Chama-se "limiar de lesão". Vejamos:

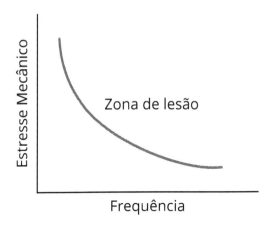

Figura 1. Limiar da lesão.

O gráfico mostra uma curva que combina a intensidade de uma força aplicada a um tecido com a frequência em que ela é aplicada. Qualquer combinação de força x frequência que ultrapassar essa curva ocasionará uma lesão.

Portanto, observando o gráfico, podemos, de cara, classificar as lesões em macrotraumas ou microtraumas de repetição.

Os macrotraumas são causados por forças de grande intensidade em que basta uma aplicação para machucar o tecido. Por exemplo, numa corrida, você tropeça e cai com a mão espalmada no chão e quebra os ossos do antebraço; ou pisa num buraco e torce o pé, rompendo ligamentos. Bastou um único evento, uma única aplicação dessa força, para te machucar. Você já deve estar percebendo que essas lesões não são muito comuns na corrida.

As lesões mais comuns dos corredores são os microtraumas. Nelas, uma força de magnitude pequena, não suficiente para machucar de primeira, vai sendo repetida, até que um dia ultrapassa o limiar de lesão. É a lesão tipo "água mole em pedra dura...". A lesão do joelho do Sr. João.

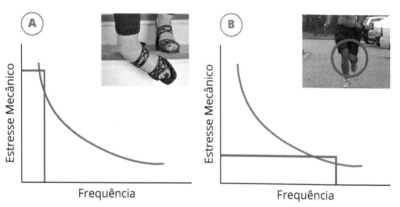

Figura 2. A) Lesões macrotraumáticas (crédito da imagem: Klaus Hausmann); B) Lesões microtraumáticas.

Antes de prosseguir, vamos deixar um adendo. O termo "lesão por esforço repetitivo" (LER) ficou famoso, e, junto com o termo "microtrauma de repetição", dão a falsa noção de que o problema da lesão é a repetição em si. Porém, o que causa a lesão é a repetição de uma força inadequada ao tecido. Como veremos a seguir, não é a repetição que machuca, mas a repetição de um movimento inadequado.

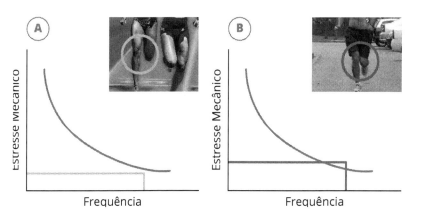

Figura 3. A) Repetição de movimento adequado (crédito da imagem: Thomas Wolter); B) Repetição de movimento inadequado.

Durante qualquer movimento que realizamos, os tecidos do corpo são submetidos a diversas forças. A contração do músculo dá um puxão no tendão (força de tração); os ossos, que sustentam o peso do corpo, são comprimidos um contra o outro (força de compressão); algumas estruturas deslizam sobre outras (atrito), e muitas outras forças são aplicadas aos tecidos durante movimentos. O movimento que se aproxima mais da biomecânica adequada e que respeita a anatomia e a fisiologia do corpo distribui essas forças de forma segura. Assim, Nenhum tecido recebe uma carga muito grande. Porém, um simples desvio do alinhamento anatômico ideal já começa a concentrar forças em locais específicos. Esses tecidos que recebem essa força mais intensa estão em maior risco de lesão. Caso esse movimento inadequado se repita suficientemente, a lesão ocorrerá.

Mas, além de o movimento inadequado causar um aumento na intensidade da força que alguns tecidos podem receber, há outro problema: o movimento inadequado pode aplicar ao tecido um tipo de força contra a qual ele é menos resistente.

Cada tecido tem uma estrutura capaz de resistir bem a certos tipos de força e mal a outros. Por exemplo, o osso, ao contrário do que popularmente se pensa, adora impacto. O osso se fortalece com os impactos (claro que há um limite; cair do 2º andar te quebraria alguns ossos). Porém, o osso já não resiste tanto a forças de tração ou de flexão (a força de tentar dobrar um osso ao meio). Pode acontecer, portanto, de um movimento inadequado aplicar, num determinado tecido, uma força a que o osso resiste pouco e, nesse caso, como se a curva do limiar de lesão se desviasse para baixo e para a esquerda, a lesão ocorreria com um número muito menor de repetições.

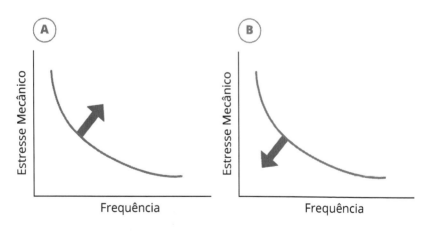

Figura 4. Limiar de lesão quando: A) A força é aplicada em

direção favorável ao tecido; e B) A força aplicada não é aquela que o tecido tem mais resistência.

Obviamente, existem outros fatores de risco, como alimentação inadequada, pouco descanso, fadiga, entre outros. Mas o que determina a lesão é a sobrecarga mecânica. Esses outros fatores vão atuar diminuindo a resistência do tecido à sobrecarga (desviando o gráfico para baixo e para a esquerda, como na Figura 4.B. Por exemplo, se você se alimentar mal, terá o corpo todo fragilizado, menos resistente à sobrecarga mecânica; mas, comer mal não te causará dor no joelho esquerdo. Para doer, o joelho esquerdo deverá ser submetido a uma sobrecarga que exceda seu limite de tolerância, o qual, devido à alimentação inadequada, estará diminuído.

Para fechar este assunto, vamos entender a história do Sr. João por meio do gráfico.

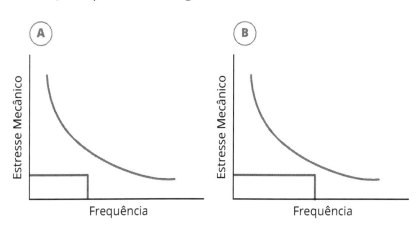

Figura 5. A) Início dos treinos: os anos de sedentarismo

tornaram os tecidos do Sr. João menos resistentes à sobrecarga. B) Mas o treinamento foi fortalecendo os tecidos, que passaram a suportar cada vez mais o esforço.

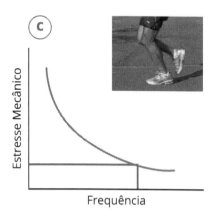

Figura 5. C) Início dos sintomas: após alguns meses de corrida, com o aumento do volume e a intensidade dos treinos, um movimento inadequado, que provavelmente esteve presente desde o início, foi aplicando carga à patela e ao tendão patelar do Sr. João, o que resultou num desgaste do tecido, que ainda não se pode considerar lesão, mas já foi o suficiente para que o Sr. João percebesse um desconforto no local.

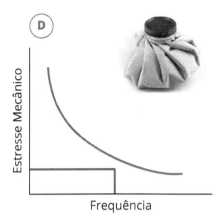

Figura 5. D) Remissão dos sintomas: a diminuição dos treinos, associada a outros possíveis fatores, como aplicação de gelo ou uma noite melhor de sono, fez com que a sensação de desconforto diminuísse, momentaneamente, mas a sobrecarga cumulativa no tecido ainda estava lá, e o movimento inadequado que gerou essa sobrecarga continuou sendo realizado.

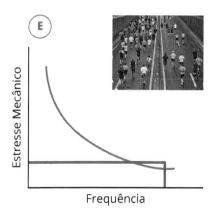

Figura 5. E) São Silvestre: a gota d'água veio na prova em que havia uma descida, onde o movimento inadequado foi

potencializado. Isso foi o suficiente para ultrapassar o limiar de lesão e para a dor vir pra valer.

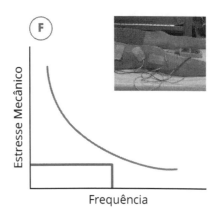

Figura 5. F) Um mês sem correr: o tempo parado retirou de ação o movimento causador da sobrecarga. Aliado a isso, o tecido foi tratado com fisioterapia e medicamento. A dor desapareceu, mas, provavelmente, o tecido ainda estava relativamente frágil (a ciência diz que o maior risco de ter uma lesão é já ter tido uma lesão prévia no mesmo local).

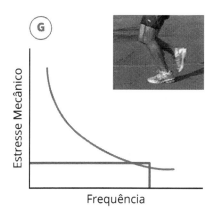

Figura 5. G) Volta aos treinos: voltar a correr, sem ter corrigido o movimento, fez o tecido receber a mesma sobrecarga de antes. O tecido fragilizado voltou a se manifestar com desconforto.

Parar de correr seria uma opção para resolver a dor do joelho do Sr. João. Mas isso traria consequências desastrosas. A volta ao sedentarismo iria causar aumento de peso, aumento de pressão arterial, maior propensão a diabetes e a doenças cardiocirculatórias, pior qualidade do sono, etc. Além disso, o Sr. João seria afastado de uma atividade da qual aprendeu a gostar, seria afastado do convívio social com os outros corredores, teria mais propensão à depressão... Vale a pena?

A atividade física é a melhor ferramenta para a promoção de saúde. Abandoná-la devido a uma lesão não pode ser uma alternativa. Deve-se, isto sim, identificar adequadamente o causador da lesão (movimento inadequado) e corrigi-lo.

Vejamos, a seguir, exemplos de movimentos que estão relacionados às lesões mais comuns dos corredores.

Principais padrões de movimento relacionados às lesões mais comuns da corrida

Existem muitas formas possíveis de se agredir um tecido do aparelho locomotor. Dependendo de como esse tecido é agredido, ele pode se lesionar, mais cedo ou mais tarde, conforme a curva de limiar de lesão.

Porém, a corrida é um gesto esportivo pobre, do ponto de vista de variações de movimentos. E as lesões tendem a seguir alguns padrões comuns.

Aqui, serão elencados alguns padrões de movimento que desenvolvem as lesões mais frequentes na corrida. Os padrões apresentados são os mais comuns, mas não os únicos. Para uma conclusão mais adequada da origem da sua lesão, recomendo fazer uma avaliação da corrida com profissional competente.

Tendinopatia do calcâneo (Tendão de Aquiles)

Sintomas: *Dor na região do tendão de Aquiles. Inicialmente aparece no final dos treinos. Com o passar do tempo, aparece cada vez mais cedo e pode permanecer nas atividades após as corridas, como andar, saltar e subir e descer escadas. Nos* momentos mais críticos é comum sentir rigidez neste tendão ao acordar.

Mecanismos típicos: Excesso de flexão do tornozelo ou batida seca da ponta do pé; Pronação do pé é um agravante comum.

O tendão calcâneo é um dos mais acometidos por dores em corredores. É o tendão dos músculos da panturrilha chamados de "tríceps sural". Esse conjunto músculo-tendíneo tem como funções tanto a absorção de impacto (frenagem) quanto a propulsão. Ou seja, esse tendão freia e acelera, tem uma função similar a uma mola (o que chamamos tecnicamente de "pliometria").

Na corrida, a ação deste músculo deveria ser essencialmente na propulsão quando o pé já está atrás da linha do corpo. Mas, quando o contato inicial do pé no solo se dá à frente do corpo, podem ocorrer movimentos que sobrecarregam o tendão calcâneo.

Simplificando, há duas formas principais de se lesionar este tendão na corrida. Uma, quando o corpo afunda demais na fase de apoio dobrando muito o tornozelo (figura 6), a outra quando, mesmo sem afundar muito, a ponta do pé dá uma batida seca no chão (normalmente são as corridas barulhentas em que é possível ouvir o som do pé batendo no chão: pá pá pá). E quando aliado a um desses movimentos ocorre uma pronação do pé, tanto pior (exemplo na figura 8.)

Figura 6. Diminuição do ângulo do tornozelo na fase de apoio. Sobrecarrega no tendão calcâneo.

Lembrando que tudo isso deve ser compreendido dentro do contexto "macro", e não isoladamente. Quando estas situações ocorrem, não são "erros" de movimento dos pés, estamos falando de um erro da fase de apoio, em que, idealmente, a maior parte da sustentação de peso deveria ser realizada por músculos grandes do quadril. A falha na utilização desses músculos grandes do quadril e da coxa para a sustentação ocasionará uma necessidade de maior utilização do tornozelo e da panturrilha, podendo levar ao mecanismo de lesão aqui descrito.

Abordaremos, na próxima parte do livro, como deveria ser a sustentação correta do peso. Mas já fique claro que melhorar a corrida como um todo irá eliminar esses mecanismos de lesão. Dessa forma, seguimos em busca da corrida ideal!!

Fasciíte plantar

Sintomas: *Dor na planta (sola) do pé. Inicialmente pode aparecer no fim de treinos longos. Pode aparecer cada vez mais cedo e permanecer após os treinos. É comum que a dor seja pior após períodos em repouso como ao levantar de uma cadeira e, ao acordar, nos primeiros passos.*

Mecanismos típicos: *Pronação do pé é o mecanismo principal, mas normalmente é acompanhada de excesso de flexão do tornozelo ou batida seca da ponta do pé;.*

A fasciíte plantar é outro grande vilão na vida dos corredores. É comum começar com uma dor na sola dos pés, no fim dos treinos, e que vai aparecendo cada vez mais cedo. Depois, passa a doer no famoso primeiro pisão da manhã. O primeiro toque do pé no chão é muito chato, dói para ir da cama ao banheiro, e depois vai amenizando conforme o corpo aquece.

Algumas vezes, a fasciíte plantar já vem com tudo, sem dar muito aviso, e dói ao ficar muito tempo em pé ou ao caminhar muito.

A fáscia plantar sofre com um mecanismo parecido com o do tendão calcâneo (Figura 7). São estruturas que transmitem uma mesma "cadeia de forças".

Figura 7. Diminuição do ângulo do tornozelo na fase de apoio. Sobrecarrega no tendão calcâneo e na fáscia plantar.

Por isso, a fasciíte também está relacionada a uma falha na sustentação de peso que acaba transmitindo a carga para a ponta do pé de maneira brusca, mas está comumente associada a uma pronação abrupta do pé (Figura 8).

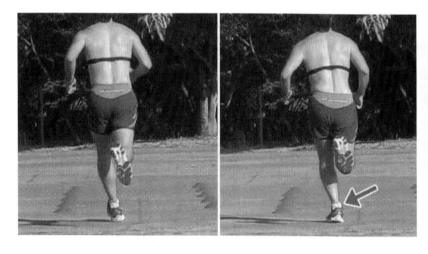

Figura 8. Pronação intensa e abrupta do pé na fase de apoio. Sobrecarga a fáscia plantar, entre outras estruturas do pé e perna.

Tendinopatia patelar e condromalácea

Sintomas: *Dor na região da frente do joelho. Inicialmente aparece no final dos treinos. Após iniciados os sintomas, pode doer em qualquer tarefa que exija carga com os joelhos dobrados, como, agachar, saltar e subir e descer escadas. É uma lesão bastante comum e muitos corredores já apresentam sintomas mesmo antes de se iniciarem na prática da corrida.*

Mecanismos típicos: Agachamento excessivo; Joelho virado para dentro é um agravante extremamente comum.

Também comuns nos corredores são as dores na parte da frente do joelho, no tendão abaixo da patela, ou, às vezes, internamente, como se fosse atrás dela. São dores que tendem a aparecer na corrida, mas, uma vez doendo, vão incomodar para agachar e para subir e descer escadas.

O joelho é uma articulação cujos principais movimentos são dobrar e esticar. Fique em pé, dobre e estique o joelho. O que aconteceu? Você se aproximou ou se afastou do chão, afundou e subiu. E esse é o mecanismo de se colocar sobrecarga nesta articulação durante a corrida.

Corridas com grande deslocamento vertical, especialmente aquelas em que a pessoa afunda, fazem o joelho sofrer.

Figura 9. Desalinhamento do joelho para dentro (chamado de valgo) e grande avanço do joelho, chegando a ultrapassar

a ponta do pé. Sobrecarga na parte da frente e interna do joelho.

O famoso "correr sentado" estressa o joelho, ainda mais se o corpo estiver em uma atitude posteriorizada, para trás em relação ao joelho (Figura 9), o que aumenta grandemente o braço de alavanca sobre esta articulação.

Se somarmos a isso um desvio do joelho para dentro (joelho valgo), o estresse sobre a parte da frente do joelho, sobre a cartilagem da patela e sobre o tendão patelar aumenta muito. Joelho muito dobrado e para dentro é o mecanismo típico de dores nessa região.

Mas observe que, novamente, estamos falando de uma falha na sustentação.

Síndrome da banda iliotibial

Sintomas: *Dor na região lateral do joelho. Inicialmente aparece no final dos treinos longos. Com o passar do tempo, aparece cada vez mais cedo. Costuma ser uma pontada forte na região, mas que para assim que se para de correr. Porém, após ter iniciado tende a voltar logo quando se inicia novamente a corrida.*

Mecanismos típicos: *Movimentos laterais (para fora) do joelho ou quadril.*

No caso acima, falando de problemas relacionados à

parte da frente do joelho, vimos que o joelho virando para dentro estressava ainda mais essa região interna. De fato, virar o joelho para dentro (valgo) está associado a um grande número de lesões. Virar para fora tende a ser menos pior. Mas também tem suas consequências.

Figura 10. Joelho desalinhado para fora (varo). Sobrecarga na banda iliotibial.

A síndrome da banda iliotibial é um caso típico relacionado ao joelho para fora (joelho varo), como mostra a Figura 10. Tende a aparecer, em treinos mais longos, como uma dor na parte externa do joelho, que, em alguns casos, pode ser incapacitante, impedindo a pessoa de continuar correndo. Melhora quase que imediatamente ao se parar de correr, mas retorna logo que a corrida é retomada.

A banda iliotibial é uma estrutura que se inicia na lateral do quadril e vai até a lateral do joelho. Portanto, sofrerá com cargas laterais. O mecanismo clássico é mesmo o joelho para fora, mas pode ocorrer mesmo com o joelho virado para dentro, desde que o quadril se desloque para fora, como numa rebolada, assim como na Figura 9.

Tendinopatia da pata de ganso

Sintomas: *Dor na região interna do joelho.*

Mecanismos típicos: *Joelho virado para dentro (joelho valgo)*

A "pata de ganso" é um conjunto de 3 tendões que passam na parte interna do joelho. E, dessa forma, esses tendões sofrem quando o joelho vira para dentro (Figura 9). Esse é o mecanismo típico, e, na minha experiência, o único que já observei.

Mais uma vez, um problema relacionado à sustentação e ao equilíbrio numa perna só. O equilíbrio do tronco tem alta relação com essas lesões, pois ele, balançando para os lados, pode fazer o joelho virar para dentro ou para fora.

Bursite trocantérica e tendinopatia do glúteo médio

Sintomas: Dor na região lateral do quadril. Inicialmente acontece no final dos treinos e pode evoluir para dor ao caminhar.

Mecanismos típicos: Inclinação da pelve ("rebolada")

A bursite trocantérica e a tendinopatia do glúteo médio têm a mesma causa mecânica. Algo com um nome bonito, "Trendelemburg"! Esse palavrão todo (como a área médica adora palavrões, não é?) é só para descrever uma queda da pelve para o lado sem apoio (lembre-se de que apenas um pé está no chão).

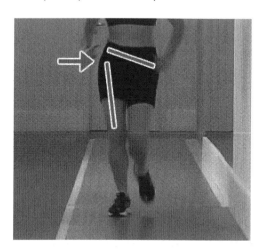

Figura 11. Inclinação da pelve para o lado sem apoio. Sobrecarga na lateral do quadril.

Quando isso acontece, como na Figura 11, não só o glúteo médio e a bursa trocantérica estão em risco, mas uma porção de pequenos músculos da região. Já ouviu falar do músculo piriforme? Pois é, ele é outro que sofre com essa queda da bacia. Junto com esses músculos, o glúteo mínimo, o músculo tensor da fáscia lata, os músculos gêmeos... e até uma estrutura lá da articulação chamada "lábio do acetábulo", uma cartilagem que recobre o quadril e que pode sofrer fissuras nesses casos. Nosso tenista Guga sabe bem o que é isso!

Todas essas tendinopatias e bursites causam dor na região lateral do quadril e, adivinhem!, mais uma vez, falha de sustentação!

Pubalgia

Sintomas: *Dor na região da virilha, parte interna da coxa e abdômen inferior. Tende a ser bastante incapacitante mesmo sem dor intensa.*

Mecanismos típicos: *Inclinação da pelve e passada cruzada com torção do corpo.*

O mesmo mecanismo descrito acima, que estressava toda a parte lateral do quadril, também comprime a região da virilha e coloca carga no púbis. Mas no caso das pubalgias, normalmente há um segundo movimento que sobrecarrega a região. Após o afundamento com a queda da bacia, a propulsão é realizada com uma rotação do tronco, exacerbada no nível dos quadris. É um padrão que tipicamente faz uma perna passar à frente da outra, na passada. Costumo chamar de "padrão cruzado de propulsão". (Figura 12)

Figura 12. Padrão cruzado de propulsão com torção do corpo. Sobrecarga no púbis.

Isso pode gerar dor na região das virilhas ou no púbis, o osso imediatamente acima da região genital.

Dor lombar

Sintomas: *Dor na região baixa das costas. Como os mecanismos são mais variados, a dor pode ser bem diversificada. Dor pontual, dor em faixa na região e dor que irradia para as pernas (neste último caso, especialmente se houver formigamento, perda de sensibilidade ou fraqueza, consulte um médico com* *urgência).*

Mecanismos típicos: *Coluna desalinhada. Pode ser em flexão, extensão e/ou movimentos laterais do tronco.*

A coluna lombar e a articulação sacroilíaca (junção da coluna com a bacia) são segmentos corporais que transmitem todo o peso do tronco, da cabeça e dos braços para as pernas e recebem de volta o impacto. Se olharmos a anatomia da região, fica fácil compreender como a falha na sustentação numa perna só pode ser perigosa para a saúde das estruturas locais (Figura 13).

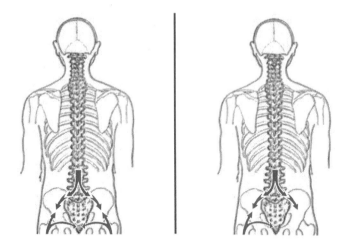

Figura 13. À esquerda, estabilidade da articulação sacroilíaca quando os dois pés estão apoiados no chão. À direita, a tendência de desalinhamento quando apenas um pé está apoiado (crédito: Gerd Altmann).

Os desníveis da bacia ao longo da corrida (Figura

14 – esquerda) colocam uma carga assimétrica e desequilibrada na região. Somando-se a isso a possibilidade de aumento ou diminuição da curvatura lombar vão dizer qual parte da coluna vai ser mais afetada.

A hiperlordose (Figura 14 – central) coloca mais carga em pequenas articulações da região de trás das vértebras, chamadas de "articulações interapofisárias", as quais não foram feitas para sustentar carga. Neste caso, é mais comum ter dores pontuais "profundas" ou dores cansadas ao longo dos músculos lombares.

Dores em faixa de um lado a outro da coluna lombar e dores que vão para as pernas são mais comuns com a retificação da lombar ou a flexão (Figura 14 – direita) dessa parte da coluna coloca carga nos discos intervertebrais. Correr assim pode, com o tempo, levar o disco a degenerar e causar uma hérnia.

Figura 14. À esquerda, inclinação da pelve com inclinação compensatória da coluna. Sobrecarga no lado esquerdo da coluna lombar. No centro, aumento de lordose levando à sobrecarga da parte de trás da coluna. À direita, flexão de coluna levando à sobrecarga nos discos da coluna.

Conclusão

Como podemos observar, as lesões mais comuns da corrida têm como mecanismo básico a falha na sustentação de peso durante o movimento de correr, que leva a desalinhamentos do corpo. Há pouca relação com calçados, grau de alongamento muscular ou até com seu grau de força. Lógico que ser forte e flexível é positivo. Mas não é a falta disso que machuca, na grande maioria dos casos.

Por isso, para uma análise mais detalhada do seu caso, recomendo uma avaliação com um profissional da área. Mas tenho convicção de que, seguindo os passos descritos neste livro, você estará correndo de forma mais segura, podendo prevenir e até mesmo recuperar lesões. Tudo isso com um efeito colateral de aumentar a eficiência da corrida e economizar energi a, melhorando seu desempenho.

Vamos, então, entender como é a corrida ideal e como alcançá-la.

Parte II - A corrida ideal

A corrida ideal

Para podermos ir em busca da corrida ideal, antes precisamos entender o que é isso. Vamos lá?

A corrida ideal combina desempenho e segurança. Papai do Céu, quando desenhou o corpo humano, teve a feliz ideia de fazer com que o movimento mais alinhado anatomicamente fosse, ao mesmo tempo, eficiente e seguro. Com o movimento alinhado, você consegue um desempenho melhor – correr mais rápido ou cansar menos na mesma velocidade –, e isso tudo, ainda por cima, é acompanhado de uma distribuição equilibrada de forças pelo corpo, sem que haja acúmulo de sobrecarga em nenhum tecido. Assim, de acordo com o gráfico do limiar de lesão, pode-se repetir indefinidamente o movimento sem que a lesão apareça.

Suspeito que Papai do Céu seja um cara muito inteligente!!

Bom, para entender a corrida ideal, temos que compreender que ela é controlada por um sistema nervoso (SN) que domina como ninguém a máquina que tem: o aparelho locomotor.

Essa máquina tem uma característica bastante importante. Ela é muito redundante, ou seja, ela permite cumprir a mesma tarefa de inúmeras maneiras diferentes.

O SN, então, capta, constantemente, informações sobre o próprio corpo, sobre o ambiente e combina essas informações com a experiência prévia sobre a tarefa para planejar o movimento a ser realizado.

A meta do SN sempre é cumprir a tarefa, fazer o corpo funcionar. Essa é a premissa básica dele. E isso tem um grande valor evolutivo (pois é, Papai do Céu também criou Darwin!). Nossos comportamentos têm sempre como pano de fundo a busca pela sobrevivência do indivíduo e da espécie, e, para que possamos realmente sobreviver, temos que tentar cumprir com certa taxa de sucesso aquilo que nos propomos a fazer.

E Papai do Céu nos brindou com um SN que se aprimora com a experiência; ele aprende, e, a cada vez, tenta ficar melhor em cumprir as tarefas. Esse processo de aprendizado não tem como objetivo final a melhor mecânica possível, mas sim, cumprir a tarefa com segurança no curto prazo, mantendo-nos vivos.

Por exemplo, se por acaso estivermos impossibilitados de levar comida à boca realizando o melhor movimento possível, não vamos morrer de fome por causa disso; o SN simplesmente escolherá outra forma. Se o resultado for positivo, isto é, se essa outra forma de levar comida à boca der certo, o SN guardará uma lembrança de que a operação teve sucesso. Numa próxima oportunidade em que precisarmos levar comida à boca, essa alternativa será vista como um possível novo sucesso. A repetição dessa nova forma de levar comida à boca vai reforçar cada vez mais esse padrão, que um dia poderá ser o padrão de escolha preferido do SN. Poderá tornar-se o "seu jeito" de comer. Esse jeito tende a permanecer assim até que se queira ou que haja necessidade de mudar.

Esse processo de aprendizado motor se dá para todos os movimentos que fazemos. Quando você, criança, começou a ficar de pé e andar, teve que encontrar soluções para os desafios que apareciam. Como se manter de pé? Como não cair mais de bunda? Como não cair mais para frente? Como fazer para não tropeçar? Como acelerar ou frear? Como virar a cabeça ou estender os braços para alcançar alguma coisa enquanto anda?

A cada desafio desses, o SN vai computando tentativas como sucessos ou insucessos. Vai criando padrões que mais possivelmente dão certo e, assim, de acordo com sua história motora, vai criando um jeito seu de correr. Um jeito que te faça sair de um ponto e chegar ao outro com certa velocidade, usando simplesmente a propulsão das suas pernas.

Pois isso é correr! Apenas isso. Em pé, na posição vertical, deslocar o corpo em uma determinada direção, em velocidade alta o suficiente para que, a cada passo, seja necessário ter uma pequena fase de voo, ou seja, um momento em que não temos os pés no chão. Se não houver essa fase de voo, a locomoção é chamada de "marcha" ou "caminhada".

Figura 15. Diferença entre marcha e corrida. Na primeira, durante todo o tempo, há, pelo menos, um pé no chão; em alguns momentos, há dois pés no chão. Na corrida, há uma fase de voo, seguida de uma fase em apoio numa única perna.

Aqui, nessa bem simples definição de corrida, temos a chave para compreender qual é a corrida ideal e como alcançá-la.

Se a corrida é a capacidade de se deslocar em velocidade na postura vertical, a corrida ideal deve ter um bom alinhamento vertical do eixo do corpo e nos fazer deslocar somente na direção desejada, sem desvios de trajetória.

Se o corpo oscila para cima e para baixo, de um

lado para outro ou roda demais, no mínimo, estamos desperdiçando energia.

Guarde isto: o SN é um cumpridor de tarefas. O foco do seu controle é macro. Ele não se prende a detalhes segmentares, ele faz o movimento desejado acontecer. Se ele precisar fazer seu pé pronar (virar para dentro), para que você possa ficar em pé na corrida, ele vai fazer. Se ele precisar inclinar seu tronco para que você se equilibre, ou se precisa fazer você rodar o tronco para que possa dar um passo à frente, ele vai fazer. Isso vai ter uma importância enorme quando começarmos a discutir a reeducação da corrida.

Então, a corrida ideal envolve dois macromovimentos que devem ser feitos à perfeição: 1) Sustentação do corpo no eixo vertical; e 2) Propulsão exatamente na direção desejada. Ponto.

Não vamos complicar.

O que vem a ser isso, então?

Sustentação

A sustentação é a capacidade de se manter em pé durante a corrida. Algo que pode parecer simples, mas que, biomecanicamente, é complexo de ser feito, porque, na corrida, nunca há dois pés no chão. A corrida envolve uma fase aérea, em que não há nenhum pé apoiado, seguida de uma fase de apoio num pé só. E esse é o desafio.

Ao sustentar o corpo num pé só, a bacia (pelve) é apoiada apenas num dos cantos, criando a tendência de o peso do corpo cair para o lado sem apoio. Para se atingir a sustentação ideal, é necessário que o peso do corpo esteja sobre o pé de apoio e que alguns músculos sejam ativados no tempo e na medida certos.

A musculatura do tronco, também conhecida como CORE, deve ser ativada de forma global e constante para manter o tronco estável na vertical. Mas essa ativação do CORE não precisa ser intensa, mas sim leve e mantida. Cerca de 10% da força máxima desses músculos. Também é necessária a ativação dos músculos laterais do quadril (abdutores e rotadores). Esses músculos são responsáveis por manter a bacia na horizontal, contra a tendência de queda para o lado oposto ao da perna de apoio. Por fim, é necessária a ativação dos músculos sustentadores de peso, chamados de "antigravitários".

São os músculos extensores de todo o membro inferior, mas, principalmente, os músculos maiores, próximos ao tronco.

Em resumo, esses são os músculos que te fazem esticar o corpo, empurrar o chão para baixo e a cabeça para cima, ou seja, que te fazem CRESCER.

Figura 16: Postura ideal no apoio unipodal (em um pé só). À esquerda, a seta sinaliza o peso do corpo sobre o pé de apoio. À direita, as setas brancas mostram a direção da força necessária para manter a posição. Os círculos e a seta vermelhos sinalizam os músculos necessários para isso. Músculos do CORE/Abdômen – círculo maior; Músculos laterais do quadril – círculo menor; Músculos extensores (que agem contra a gravidade) – seta vermelha.

Com a ação adequada desses músculos, é possível manter a postura vertical alinhada. Aquela em que as forças aplicadas sobre o corpo são bem distribuídas.

Entretanto, como dito anteriormente, o SN não tem como objetivo primário buscar essa postura, mas sim conseguir manter o corpo equilibrado e não deixá-lo cair. Portanto, se, por qualquer razão, essa postura não for possível, o SN encontrará qualquer outra forma de ficar em pé numa perna só. Veja alguns exemplos na figura 17:

Figura 17: Exemplos de sustentações unipodais inadequadas.

Cada uma dessas formas encontradas de se manter equilibrado durante a corrida é encarada pelo SN como um sucesso, pois com elas foi possível cumprir a tarefa de sustentar. Mas cada uma tem suas consequências. Quanto mais nos afastamos da postura ideal, mais risco teremos.

Como a sustentação só é possível se o peso do corpo estiver sobre o pé de apoio, esse é um ponto essencial para a corrida ideal. O pé, ao tocar o chão, deve estar embaixo do centro de massa do corpo. Isso permite a ação imediata dos músculos sustentadores descritos acima e possibilita a sustentação na postura ideal (Figura 18).

Caso o pé toque o chão à frente do corpo, como é muito comum acontecer, não será possível a sustentação imediata do peso. Pelo contrário, nesse caso, se ativarmos os músculos sustentadores de peso, aqueles que empurram o chão para baixo, o efeito resultante será um freio!

Porém, nosso SN, que é cumpridor de tarefas e que não deseja frear, para continuar indo à frente, dá um comando de relaxamento a esses músculos. Por mais fortes que eles sejam, nesse momento, não podem ser usados. E a consequência é que, sem uma força de sustentação, a gravidade não perdoará e puxará nosso corpo para baixo. O corpo vai perdendo altura, enquanto continua se movendo à frente. Quando, enfim, o peso do corpo está em cima do pé e torna-se possível a sustentação, o corpo baixou, e a perna de apoio se flexionou como num agachamento, aumentando a carga da sustentação e a energia empregada para isso.

Muito mais fácil ficar em pé que agachado, não? Imagine agachar numa perna só!

Uma vez tendo perdido altura, faz-se necessário recuperá-la. Com isso, a propulsão a seguir não poderá ser somente à frente, mas também para cima. Esse deslocamento vertical, subindo e descendo, gera um enorme gasto energético, que não resulta em movimento na direção desejada. É uma energia jogada fora.

Porém, nosso foco aqui não é no movimento errado. Vamos voltar à corrida ideal.

Se não quisermos perder toda essa energia, é preciso fazer força de crescer desde o momento em que o pé toca o chão e desde que o toque seja embaixo do corpo.

E isso nos dá a deixa para falar do próximo tópico: a propulsão.

Figura 18: Superior – contato inicial inadequado (à frente do corpo); inferior – contato adequado (abaixo do corpo).

Propulsão

A propulsão é o ato de usar a força das pernas para mover o corpo na direção desejada. Como na corrida de rua, nós corremos para a frente; usaremos isso como regra.

Portanto, nós só poderemos ir para a frente se empurrarmos o chão para trás. Isso é muito importante! Lembremos que correr é se sustentar em pé e empurrar o chão para trás. Isso é função da perna de apoio. A corrida é feita pela perna de apoio! A perna de oscilação, aquela que está no ar, não está realizando trabalho ativo que nos leve à frente. Ela está apenas se posicionando para sustentar e "empurrar" o chão quando, mais uma vez, estiver em contato com o solo.

Uma vez apoiados sobre uma perna, o ato de propulsionar é empurrar o chão para trás de forma que o tronco seja levado à frente. Na corrida ideal, esse ato parte de uma sustentação adequada, de um bom equilíbrio numa perna só. E o movimento realizado gera, exclusivamente, movimento à frente. A força de empurrar o chão para trás deve ser automaticamente transferida ao tronco, que viaja, de forma linear, à frente.

Esta força de empurrar o chão para trás é realizada por todo o membro inferior – articulações do quadril, joelho, tornozelo e pé –, mas quem está efetivamente empurrando o chão é o pé; portanto, esse movimento conjunto de todo o membro inferior é mais efetivo se estiver levando o pé para trás. Acredite, a falha em levar o pé para trás é comum.

Figura 19: Propulsão – o ato de se empurrar para frente empurrando o chão para trás.

O ato de empurrar o chão para trás inicia-se antes do contato. Ou seja, antes de tocar o pé no chão, já devemos acelerar o pé para trás. Assim, o pé toca o chão embaixo da linha do corpo, já fazendo a propulsão, e essa força deve continuar até que o pé se desprenda do solo. A partir daí, nesse passo, o trabalho de se empurrar à frente acabou, e deve-se relaxar e deixar que a inércia leve o pé para trás e o traga de volta para a frente.

Na corrida ideal, sempre que o pé estiver no chão, ele deve estar empurrando o chão para trás.

Independentemente da velocidade de corrida. Apoiar o pé sem estar empurrando significa perda de eficiência, e até mais que isso, o pé no chão sem empurrar significa freio.

Figura 20. Toque inicial com o pé já acelerando para trás.

Para entender bem como isso funciona, faça uma experiência. Deixe uma esteira ligada em uma velocidade qualquer, digamos 10 km/h. Pise na lateral da esteira com um dos pés enquanto a esteira corre sozinha. Agora, deixe o pé livre, parado acima da esteira, e, lentamente, vá baixando o pé até que ele a toque. Haverá um barulho de atrito e impacto, como se o pé estivesse freando a esteira.

Agora, tente tocar a esteira de uma maneira que o pé já chegue com velocidade igual à dela (10 km/h para trás). O toque será suave, sem barulho e sem a sensação de que o pé freou a esteira.

No chão é a mesma coisa. Se você está correndo a 10 km/h, isso significa que o chão está ficando para trás de você exatamente nessa velocidade. Portanto, o pé deve tocar o chão, já o empurrando para trás, nessa mesma velocidade.

E após o pé desprender do chão, o que devo fazer?

Voluntariamente, nada! Lembre-se de que o SN trabalha com cumprimento de tarefas. A tarefa "correr" significa "jogar o chão para trás". Dessa forma, após perder o contato com o solo, não há mais como empurrá-lo. Então, a tarefa acabou para esse pé, nessa passada. O que esse pé vai fazer agora é recuperar a posição, de forma involuntária, para poder empurrar novamente no próximo passo. E, enquanto ele faz isso, é a vez de o outro pé empurrar.

Correr é o ato de empurrar com o pé direito, depois empurrar com o pé esquerdo, e assim por diante. Foque nisso. Esqueça o pé após o desprendimento e deixe-o livre para ele voltar à posição sozinho. Confie, seu SN fará isso por você.

E o tamanho do passo? Devo abrir a passada?

Essa é uma dúvida extremamente frequente. Ou melhor, na minha experiência, esse é o erro mais frequente de técnica de corrida.

Lembre-se: o pé deve tocar o chão abaixo do centro de massa – embaixo do corpo. Se você abrir a passada e tocar o pé à frente do corpo, estará cometendo os erros discutidos anteriormente. Independentemente da velocidade, o pé tem de tocar o chão embaixo do corpo.

Nunca pense em levar o pé à frente. A corrida é empurrar o chão para trás. Pense só nisso.

Chegamos agora a um ponto importantíssimo. A frequência da passada. O número de passos que devemos dar por minuto.

Vamos partir do princípio de que a corrida ideal é aquela que nos leva só à frente. Não para cima e para baixo. Agora, pergunte-se: é possível ficar sem os pés no chão e não subir nem descer? É possível parar no ar?

Não! Apesar do folclore, nem Dadá Maravilha, nem Michael Jordan paravam no ar. Se você está sem os pés no chão, ou você está subindo ou descendo.

Então, como posso me deslocar só para a frente, na corrida?

Na verdade, não pode. Para se deslocar só para a frente, sem subir nem descer, seria necessário ter apoio o tempo todo. Imagine um carro andando no plano. O pneu está sempre apoiado no chão, e o ponto de contato é embaixo do eixo. Por isso, o carro se desloca sempre paralelo ao solo, sem subir ou descer. Como a corrida exige uma fase aérea, um pouco de deslocamento vertical nós teremos.

Como devemos fazer, então?

Se sempre que estamos com o pé no ar, estamos subindo ou descendo, o ideal é ficar o mínimo de tempo possível sem os pés no chão. Correto? Sim, quanto menor o tempo de voo, menor o deslocamento vertical. Por isso, quanto mais rápido conseguirmos colocar o outro pé no chão, melhor. Fisiologicamente, porém, não é possível mover as pernas para a frente e para trás tão rápido a ponto de, na saída de um pé, o outro já chegar. O número aproximado de passos que conseguimos dar com naturalidade, por minuto, é 180-190 (somando-se os dois pés).

Para facilitar as contas, vamos usar 180 tpm (toques por minuto). Com isso, nosso tempo de voo será de 1/3 de segundo (desprezando-se o tempo de apoio). E isso deve ser respeitado em qualquer velocidade.

Como assim? Se eu estiver correndo devagar, tenho que dar o mesmo número de passos que darei correndo rápido?

Isso mesmo. O tempo de voo deve ser pequeno e constante. A diferença na velocidade vai ocorrer pela distância percorrida por seu corpo nesse intervalo de tempo. E a distância percorrida depende da força que usou para lançar o chão para trás.

Dessa maneira, empurrar o chão forte significa que, em 1/3 de segundo, você vai viajar bastante à frente e, por isso, estar numa velocidade maior. Empurrar fraco significa que você vai viajar pouco em 1/3 de segundo; logo, desenvolverá uma velocidade menor.

Figura 21. Variação da oscilação vertical em decorrência da frequência de passadas. À esquerda 160 toques por minuto. À direita, 180 toques por minuto.

Perceba como, na corrida, por ser um movimento cíclico, uma fase interfere na outra. Se tivermos um bom equilíbrio numa perna só, o corpo ficará mais estável e alinhado, facilitando que a impulsão seja feita só para a frente. Porém, para que haja esse bom equilibro, é preciso que o pé toque o chão embaixo do corpo. Se a impulsão não for bem executada, não será possível se sustentar bem.

A corrida ideal exige, portanto, que sustentação e propulsão ocorram simultaneamente e o tempo todo. Enquanto o pé estiver no chão, ele tem que sustentar e empurrar você

Resumindo

A corrida ideal é o simples ato de se sustentar na vertical adequadamente e se empurrar somente para a frente.

Isso exige que haja pouco tempo de voo, ou seja, grande frequência de passadas (180-190 tpm); que o contato inicial do pé no chão seja embaixo do corpo; e que, assim que o pé tocar o chão, haja força de sustentação (força de crescer) concomitantemente com a força de empurrar o chão para trás.

Resumindo ainda mais, já que nosso papel aqui é simplificar:

Cresça e desloque o corpo à frente empurrando o chão para trás em alta frequência de passadas.

Ah, mas e o resto?!

Pelos milhares de corredores que já atendi, sei que nessa hora vêm as perguntas:

– Mas como deve ficar meu braço?

– Devo inclinar o corpo para a frente?

– Preciso levar o calcanhar na bunda?

– Devo elevar os joelhos?

Responderei a essas questões por razões exclusivamente informativas. Mas lembre-se: a genialidade consiste em simplificar o complexo. E o SN é genial! Se você crescer adequadamente e empurrar o chão para trás adequadamente, você já estará correndo certo, e esses detalhes ocorrerão naturalmente! Não pense neles!

O papel dos braços na corrida

Os braços têm o papel de contrabalançar os movimentos das pernas. Eles fazem o movimento oposto ao da perna do mesmo lado, de modo que o tronco possa permanecer equilibrado e estável, voltado para a frente.

Numa corrida em que o corpo está bem sustentado na vertical e a propulsão é realizada num bom padrão, os braços naturalmente farão um bom movimento. Portanto, não se deve focar a atenção da corrida nos braços, eles são auxiliares dos macromovimentos, que são o objetivo da tarefa (sustentar e impulsionar).

A Figura 22, abaixo, mostra situações em que há desequilíbrio do tronco. Observe que os braços agem para tentar equilibrar. Ou seja, se o tronco inclina para o lado, o braço abre. Se o tronco roda, os braços rodam.

Figura 22: Situações de tronco desalinhado e resposta dos braços. Na inclinação do tronco, os braços se abrem; na rotação, eles cruzam à frente do corpo.

Por outro lado, nosso corpo trabalha sempre de forma macro. O controle das peças é interdependente. E os braços participam da corrida, apesar de não terem papel primário. Eles devem ter uma atitude de participação. Deixar a mão "mole" durante a corrida traz consequências ruins ao movimento, pois essa atitude é transmitida ao resto do corpo. Deixe sempre as mãos com uma atitude firme, independentemente da posição delas. Alguns preferem correr com as mãos fechadas, outros, com elas abertas. Isso é indiferente, mas elas devem ter essa atitude firme.

Figura 23. Atitude da mão. À esquerda, mão "mole"; à direita, mão firme.

Outra questão importante é a altura das mãos. Manter as mãos mais altas ajuda a recrutar músculos que sustentam o corpo contra a gravidade. Ajuda o corpo a crescer. As mãos baixas tendem a "derrubar o tronco".

Figura 24: Papel da altura das mãos na posição do tronco.

Além disso, manter o cotovelo dobrado a 90°, como se costuma pregar, aumenta o braço de alavanca e torna mais difícil segurar o braço na posição, cansando mais o bíceps. Manter a mão mais alta alivia o peso do braço.

Inclinação do tronco

Este é um tópico muito importante, mas lembre-se: correr é o ato de se impulsionar para a frente, e isso é que deve ser buscado. Não pense em inclinar voluntariamente o corpo.

A inclinação serve para aceleração. Nós devemos buscar o alinhamento vertical do corpo (o crescer), mas ficar com o corpo totalmente na vertical serve para ficar parado. O corpo esticado (crescido) deve pendular à frente a partir do tornozelo. O corpo não deve perder o alinhamento, apenas inclinar reto.

Para a corrida em velocidade constante, a inclinação deve ser numa amplitude suficiente para que o peso do corpo caia sobre a ponta dos pés. Essa situação já cria uma tendência de o corpo ir para a frente, facilitando a propulsão, facilitando o movimento dos pés de jogarem o chão para trás, diminuindo as chances de o pé tocar o chão à frente da linha do corpo.

Variar essa inclinação só será útil nas condições em que se queira acelerar ou frear. Para acelerar mais, incline um pouco mais. Para frear, incline para trás. Mas assim que se atingir a velocidade que se queira manter, o tronco deverá voltar à posição original. Se você não quer mais acelerar ou frear e se deseja manter a velocidade, qualquer que seja ela, a inclinação do corpo deve ser essa em que o peso cai sobre a ponta dos pés.

Figura 25. Em cima: inclinação ideal, tronco ereto pendulado à frente o suficiente para o peso cair sobre a ponta dos pés. Empurra-se o chão para trás para que a cabeça viaje à frente. Em baixo: inclinações inadequadas com tronco "quebrado ao meio".

Mais uma vez, não busque voluntariamente essa inclinação. Mentalize que você deseja ir para a frente. Cada passo deve te levar à frente. A inclinação ocorrerá naturalmente.

Devo tentar levantar o pé após a impulsão? Disseram que o certo é o calcanhar se aproximar do glúteo.

Não tente fazer nada com os pés após eles saírem do chão. O ato de correr consiste em sustentar e propulsionar o corpo. São ações que só podem ser realizadas enquanto os pés estão apoiados. Após o desprendimento do chão, não há mais nada que esse pé possa fazer. Portanto, é hora de relaxar e deixar que ele cumpra seu caminho de volta ao chão, onde novamente irá trabalhar para sustentar e empurrar o chão para trás.

Dessa forma, o quanto o pé subirá em direção ao glúteo será dependente da velocidade. Se você estiver correndo devagar, isso significa que está empurrando fraco o chão para trás. Após o desprendimento, por inércia, sem esforço, o pé irá um pouco para trás e voltará à posição de contato com o solo, abaixo da linha do corpo. Se estiver correndo rápido, isso significa que você empurrou forte o chão para trás e, por inércia, o pé irá bastante para trás e para cima, quase tocando os glúteos.

Mas observe que essa subida do pé é passiva, é

consequência da força feita enquanto o pé estava em contato com o solo. Se você está rápido, e o pé quase toca o bumbum, provavelmente sua corrida está boa. Mas se você está devagar, e seu pé sobe, isso significa que você está fazendo um esforço extra e gastando energia desnecessariamente.

E o joelho? Devo elevá-lo na passada?

Da mesma forma, a resposta é não. O ato de correr somente exige que se empurre o chão para trás. Não faça nenhuma outra ação voluntária com as pernas. Não as puxe para a frente.

Essa subida do joelho também ocorrerá automaticamente se você estiver correndo rápido.

Figura 26: Movimento automático do calcanhar após o desprendimento em velocidade lenta (calcanhar a meia altura) e rápida (calcanhar alto).

E a pisada? Deve ser com a ponta dos pés ou calcanhares? Disseram que o normal é entrar supinado e pronar um pouco para que o dedão seja o último a desprender do chão. Verdade?

Mais uma vez, não pense nesses detalhes. Naturalmente, se a postura estiver boa durante a corrida e os movimentos forem bons, o pé tocará e sairá do chão, mantendo-se neutro. Da mesma forma, dependendo da velocidade de corrida, o pé tocará o chão, inicialmente, com o calcanhar ou com a ponta. Sendo que esta última corrida, em que se toca somente a ponta, é natural apenas para grandes acelerações ou grandes velocidades de corrida.

O pé, por ser o órgão efetor do movimento de corrida, deve chegar ao chão com a intenção de empurrá-lo para trás. Pense somente nisso. Não tente tocar mais para dentro ou para fora, isso ocorrerá de acordo com o equilíbrio do corpo.

Não gostaria de dar muita atenção a isso ao longo da obra. Justamente para não chamar sua atenção para um detalhe que é secundário, que não deve ser buscado voluntariamente. No entanto, por se tratar de assunto de grande interesse no mundo da corrida de rua e por ser relativamente polêmico, tratarei do assunto como um anexo, ao final deste livro.

Parte III - Em busca da corrida ideal

Nesta parte do livro, vamos discutir brevemente alguns conceitos importantes para a reeducação da corrida para, a seguir, apresentarmos um programa de exercícios a fim de que você possa ir em busca da corrida ideal.

Uma pequena consideração sobre o controle neural da corrida

A corrida, como qualquer outro comportamento motor, é controlada pelo SN. Porém, para o leigo, isso pode provocar a falsa impressão de que é um movimento voluntário. Não é. A corrida é um tipo de movimento que chamamos "automático".

Os movimentos automáticos têm início voluntário, mas se mantêm de forma automática, involuntária. Normalmente, são movimentos cíclicos, repetitivos, como o coçar e o nadar.

Esses movimentos são controlados por circuitarias de neurônios, localizados na medula espinhal. São ativadas por comando voluntário, mas se perpetuam de modo automático, sem depender da vontade, até que entre um novo comando voluntário, para parar ou para mudar o padrão.

Por isso, quando corremos, podemos pensar em qualquer outra coisa, a corrida não depende da consciência para acontecer. Seguimos correndo no mesmo padrão, até que desejemos parar ou mudar o padrão, como ao mudar a velocidade, ao pular um buraco ou ao fazer uma curva.

Por esse motivo, não devemos corrigir a corrida por meio de comandos voluntários de movimentos específicos. Tentar corrigir cada detalhe do movimento não funciona e pode ser prejudicial. Comandos como "levante mais o calcanhar", "suba mais os joelhos", "feche os braços" são exemplos de ações inadequadas.

O controle voluntário dos movimentos foi feito para controlar tarefas, não movimentos isolados que as compõem; isso é papel das estruturas involuntárias do SN. E, na corrida, as tarefas são apenas duas: crescer (sustentar) e ir à frente (ou empurrar o chão para trás). Só nisso podemos pensar. Nada mais!

O papel dos exercícios que realizaremos é fazer com que o crescer e o ir à frente sejam corretos. Mas, ao correr, só tente crescer e ir à frente.

Aprendizado motor e treinamento de um novo padrão de corrida

O que você faz quando quer se tornar mais forte?

Pega peso, não? Para fortalecer um músculo, devemos colocar uma carga maior para que esse músculo se adapte a fazer mais força.

E para ganhar resistência? Aumentamos o tempo de exercício, correto?

Para alongar um músculo? Mantemos o músculo em posição alongada por certo tempo.

E para mudar o padrão de movimento? O que devemos fazer?

Seguindo a lógica, devemos repetir o padrão de movimento desejado, até que isso se torne automático. Portanto, esse é o treino que iremos fazer.

Mas não é tão simples assim. Não basta pegar um manual de "Como chutar uma bola no ângulo", e outro, "Aprenda dribles fantásticos", achando que, se lermos tudo, um dia, será como Neymar e Messi. Infelizmente, ou felizmente, não é assim.

Não basta ler, ouvir dizer, estudar o movimento ideal da corrida e ir fazê-lo. É necessário construí-lo e praticá-lo.

Nós vamos juntos construir os dois componentes da corrida: crescer e empurrar o chão. Quando conseguirmos fazer esses dois componentes adequadamente, nós os integraremos na corrida e, ao conseguirmos fazer o movimento correto da corrida, aí, sim, iremos repetir até automatizar.

É importante entender a natureza do estímulo que daremos ao nosso corpo. Buscamos um novo padrão de movimento, apenas. Não precisamos forçar demais. Os exercícios terão como objetivo ativar os músculos corretos no padrão correto. Não iremos provocar a fadiga.

Esse padrão de estimulação tem uma característica que chamamos de "facilitação neuromuscular". Cada vez que o músculo é estimulado, torna mais fácil sua próxima contração. Isso é importantíssimo, pois, após os exercícios, o padrão muscular ativado continua trabalhando. Temos, portanto, o efeito do próprio exercício e o pós-estímulo, que continua fazendo os músculos trabalharem da forma como os estimulamos. Após algum tempo, esse pós-estímulo vai se perdendo e, nesse ponto, seria interessante estimular os músculos novamente. Com a somatória de vários estímulos que não levam à fadiga, ao longo do dia, teremos uma estimulação enorme, e o aprendizado acontece mais rapidamente.

Por isso, os exercícios a seguir não devem ser feitos à exaustão, mas devem ser repetidos com bastante frequência. Alguns podem ser feitos várias vezes ao dia e todo dia. Gerando efeito de aprendizado muito rápido. Mas não se assuste ou desanime, também funciona com menos. E os exercícios podem ser feitos em qualquer local e horário. Insira-os como aquecimento nos treinos, incorpore-os à musculação, faça-os em casa...

Junto à explicação dos exercícios, será oferecida uma sugestão de séries e repetições para que haja efeito em tempo razoável. Mas é importante que os exercícios não causem dor e não levem à fadiga. Também é fundamental atentar à correta execução, se o exercício for mal executado estaremos reforçando um padrão inadequado de movimentos.

Vamos a eles, então.

FASE 1 - Construindo uma boa sustentação: – Cresce!

Programa de 2 sessões semanais

Duração: 3 semanas
Semana 1: Exercícios 1 a 4 (sem as variações)
Semana 2: Exercícios 1B, 2B e 3B + 4, 4 B e 4C
Semana 3: Exercícios 1B, 2B e 3B + 4, 4 B e 4C + 5 e 6

Programa de 4 a 5 sessões semanais

Duração: 2 semanas
Semana 1: Exercícios 1 a 4 (sem as variações)
A partir da 3ª sessão: Exercícios 1B, 2B e 3B + 4, 4 B e 4C
Semana 2: Exercícios 1B, 2B e 3B + 4, 4 B e 4C + 5 e 6

Estabilidade central (CORE)

O tronco tem papel importantíssimo no controle da postura. Ele deve oferecer estabilidade para a sustentação contra a gravidade, assim como para o movimento dos membros. A ação estabilizadora tem a característica de dever ser mantida. O músculo precisa contrair e se manter contraído para deixar o tronco estável. Normalmente, a força exigida não é grande. Para ficar em pé parado, a força necessária do abdômen é de, aproximadamente, 5%-10% da força máxima. Se houver uma demanda maior de equilíbrio, essa força deve aumentar.

Outro ponto importante em relação à ação do CORE na estabilização é que toda a parede do abdômen deve contrair, toda a volta da cintura. E um dos músculos mais importantes para isso é o músculo transverso, aquele que encolhe a barriga. Uma boa forma de aprender a contrair o abdômen é usar o padrão de força da tosse. Dê uma tossidinha leve e perceba que o abdômen todo se contrai. Palpe a lateral do abdômen para perceber isso. Mantenha essa força durante os exercícios de CORE a seguir.

1) Prancha Frontal

Figura 27. Prancha Frontal.

Posição: Deitado de barriga para baixo, apoie-se nos cotovelos e nos pés e mantenha todo o resto do corpo no alto, rígido como uma prancha.

Execução: Mantenha a posição por 20 segundos, contraindo o músculo transverso (puxe o umbigo para dentro)

Número de Séries: 2 a 3 com intervalo de 10 segundos ou mais (deve-se sentir que o músculo está ficando firme, mas não cansado).

Cuidados: Atenção ao alinhamento da coluna. Faça força de empurrar o chão para baixo com os pés e cotovelos. Nenhum exercício proposto deve causar dor.

2) *Prancha lateral*

Figura 28. Prancha lateral.

Posição: *Deitado de lado, apoie-se no cotovelo e no pé e mantenha todo o resto do corpo no alto, rígido como uma prancha.*

Execução: *Mantenha a posição por 15 segundos, contraindo o músculo transverso (puxe o umbigo para dentro)*

Número de Séries: *2 a 3 com intervalo de 10 segundos ou mais (deve-se sentir que o músculo está ficando firme, mas não cansado).*

Cuidados: *Atenção ao alinhamento da coluna. Faça força de empurrar o chão para baixo com o pé e cotovelo. Nenhum exercício proposto deve causar dor.*

3) Ponte

Figura 29. Ponte.

Posição: Deitado de barriga para cima, apoie-se nas costas e nos pés e mantenha a bacia no alto.

Execução: Mantenha a posição por 20 segundos, mantendo aquela forcinha da tosse leve (não prenda a respiração).

Número de Séries: 2 a 3 com intervalo de 10 segundos ou mais (deve-se sentir que o músculo está ficando firme, mas não cansado).

Cuidados: Atenção ao alinhamento da coluna. Faça força de empurrar o chão para baixo com os pés. Nenhum exercício proposto deve causar dor.

CORE - Variações

São pequenas progressões nos exercícios para que você possa evoluir mais. Mas só faça as variações quando já estiver fazendo o exercício básico à perfeição.

1B) Prancha frontal com flexão alternada dos membros inferiores

Figura 30. Variação da prancha frontal.

Posição: *Mesma da prancha frontal.*

Execução: *Puxe o joelho de uma perna na direção do cotovelo e volte, trocando de perna 5 a 10 vezes de cada lado.*

Número de Séries: *2 a 3 com intervalo de 10 segundos ou mais (deve-se sentir que o músculo está ficando firme, mas não cansado).*

Cuidados: *Atenção ao alinhamento da coluna. Faça força de empurrar o chão para baixo com os pés e cotovelos. Após a perna voltar à posição original da prancha, não deixe a pelve baixar muito. Nenhum exercício proposto deve causar dor.*

2B) Prancha lateral com flexão/extensão do membro livre

Figura 31. Variação da prancha lateral.

Posição: *Mesma da prancha lateral.*

Execução: *A perna de cima irá flexionar e estender, como se estivesse correndo. 5 a 10 vezes de cada lado.*

Número de Séries: *2 a 3 com intervalo de 10 segundos ou mais (deve-se sentir que o músculo está ficando firme, mas não cansado).*

Cuidados: *Atenção ao alinhamento da coluna. Faça força de empurrar o chão para baixo com o pé e cotovelo. Procure crescer o corpo para manter o equilíbrio. Nenhum exercício proposto deve causar dor.*

3B) Ponte com marcha

Figura 32. Variação da ponte.

Posição: *Mesma da ponte.*

Execução: *Sustentando a bacia no alto, tire levemente um pé do chão e troque, como se estivesse marchando nessa posição. 5 a 10 movimentos de cada perna.*

Número de Séries: *2 a 3 com intervalo de 10 segundos ou mais (deve-se sentir que o músculo está ficando firme, mas não cansado).*

Cuidados: *Atenção ao alinhamento da coluna. Faça força de empurrar o chão para baixo com o pé que ficar no chão. Nenhum exercício proposto deve causar dor.*

Ação antigravitária de membros inferiores – força extensora do quadril, pé como efetor

Tendo trabalhado a estabilidade do tronco (CORE), iremos agora construir a sustentação contra a gravidade. Essa sustentação é o ato de empurrar o chão para baixo para manter o corpo no alto, portanto, papel da perna de apoio. Como na corrida nunca há dois pés no chão, vamos trabalhar a sustentação numa perna só. Todos esses exercícios não são simplesmente para ficar numa perna só, mas para sustentar-se numa perna só. Portanto, a cada repetição, deve-se crescer, buscar o alinhamento do corpo na vertical, como se um fio, no meio da cabeça, estivesse te puxando de leve para cima, enquanto o pé empurra o chão para baixo, com vontade.

4) Treino unipodal – Cresce

Figura 33. Apoio unipodal.

Posição: *Fazendo força de crescer, transfira o peso do corpo para uma perna e eleve a outra à 90°. Como se fosse subir um degrau alto. O peso do corpo deve estar levemente para frente, de modo que a ponta do pé tenha que apertar o chão. Busque o alinhamento vertical nessa postura e, caso desequilibre, não faça nenhuma outra força a não ser a de crescer. Isso te devolverá o equilíbrio.*

Execução: *Mantenha a posição por 5 segundos e repita a operação 10 vezes em cada perna.*

Número de Séries: *2 a 3 com intervalo de 10 segundos ou mais (deve-se sentir que o músculo está ficando firme, mas não cansado).*

Cuidados: *Atenção ao alinhamento do corpo. Faça força de empurrar o chão para baixo com o pé que ficar no chão. Nenhum exercício proposto deve causar dor.*

4B) Unipodal com Rotação da cabeça

Figura 34. Unipodal com rotações da cabeça.

Posição: *Mesma do exercício anterior.*

Execução: *Uma vez na posição, vire a cabeça para um lado e para o outro 2 vezes. Troque de perna e repita a operação 5 a 10 vezes em cada perna.*

Número de Séries: *2 a 3 com intervalo de 10 segundos ou mais (deve-se sentir que o músculo está ficando firme, mas não cansado).*

Cuidados: *Atenção ao alinhamento do corpo. Faça força de empurrar o chão para baixo com o pé que ficar no chão. Quanto mais o corpo se desequilibrar, mais faça força de crescer. Nenhum exercício proposto deve causar dor.*

4C) Unipodal com movimento de pernas

Figura 35. Unipodal com movimentos de pernas similares aos da corrida.

Posição: *Mesma do exercício anterior.*

Execução: *Uma vez na posição, mova a perna que está no ar para a frente e para trás 2 vezes sem deixar que isso te desequilibre. Troque de perna e repita a operação 5 a 10 vezes em cada perna.*

Número de Séries: *2 a 3 com intervalo de 10 segundos ou mais (deve-se sentir que o músculo está ficando firme, mas não cansado).*

Cuidados: *Atenção ao alinhamento do corpo. Faça força de empurrar o chão para baixo com o pé que ficar no chão. Quanto mais o corpo se desequilibrar, mais faça força de crescer. Nenhum exercício proposto deve causar dor.*

5) Resistindo a cargas laterais (deslocamento lateral)

Este é um bom treino para que seu SN perceba que a força de crescer garante o equilíbrio, mesmo contra cargas laterais.

Figura 36. Unipodal com deslocamentos laterais.

Posição: *Mesma do exercício anterior.*

Execução: *Partindo da posição unipodal, desloque o peso para o lado e faça o apoio unipodal com a outra perna. O equilíbrio deve ser imediato. Ao tocar o pé no chão, já faça, imediatamente, força de crescer. Não deixe o corpo ficar buscando equilíbrio com movimentos laterais. A seguir, faça o mesmo para o outro lado e repita a operação 5 a 10 vezes em cada perna.*

Número de Séries: *2 a 3 com intervalo de 10 segundos ou mais (deve-se sentir que o músculo está ficando firme, mas não cansado).*

Cuidados: *Atenção ao alinhamento do corpo. Faça força de empurrar o chão para baixo com o pé que ficar no chão. Quanto mais o corpo se desequilibrar, mais faça força de crescer. Nenhum exercício proposto deve causar dor.*

6) Manutenção da sustentação durante o deslocamento – unipodal dinâmico

Figura 37. Unipodal com sustentação após deslocamento à frente.

Posição: *Mesma do exercício anterior.*

Execução: *Partindo da posição unipodal, propulsione à frente faça o apoio unipodal com a outra perna. O equilíbrio deve ser imediato. Ao tocar o pé no chão, já faça, imediatamente, força de crescer. Não deixe a altura da cabeça variar durante o deslocamento. Troque 10 a 20 passos.*

Número de Séries: *2 a 3 com intervalo de 10 segundos ou mais (deve-se sentir que o músculo está ficando firme, mas não cansado).*

Cuidados: Atenção ao alinhamento do corpo. Os passos devem ser curtos e o contato do pé no chão deve ser embaixo do corpo. Quanto mais o corpo se desequilibrar, mais faça força de crescer. Nenhum exercício proposto deve causar dor.

FASE 2 - Construindo o deslocamento à frente

Programa de 2 sessões semanais

Duração: 1 semana
Manutenção fase 1: exercícios 4, 4C e 6
Exercícios: 7, 8 (A ou B) e 9

Programa de 4 a 5 sessões semanais

Duração: 1/2 semana
Manutenção fase 1: exercícios 4, 4C e 6
Exercícios: 7, 8 (A ou B) e 9

A postura totalmente vertical trabalhada nas condições estáticas é a melhor postura para ficar parado. Para acelerar o corpo em alguma direção, esse eixo longitudinal do corpo (o eixo vertical) deve pendular na direção desejada para o deslocamento. Para correr para a frente, devemos pendular o corpo à frente. Mas quanto? Como?

O pêndulo ocorre naturalmente quando nos propomos a ir para determinada direção da maneira correta. Ao correr, não tente pendular de propósito, deixe acontecer. Mas, nesse momento em que estamos construindo o ir à frente, faremos alguns exercícios para o corpo se acostumar a pendular. Para que você vivencie a inclinação do corpo.

Quanto maior a inclinação, maior a aceleração gerada. Já reparou como os velocistas largam numa prova? Totalmente inclinados, não é? Pois eles estão buscando aceleração máxima em curto espaço de tempo. Na corrida de rua, a fase de aceleração é pequena, logo atingimos a velocidade-alvo. A partir daí o corpo deve se manter em leve inclinação.

7) Pêndulo - sustentando o peso no antepé

Figura 38. Pêndulo à frente com o corpo alinhado. Deixe o corpo inclinar como uma "tábua".

Posição: *De pé, parado, pés paralelos afastados um do outro na largura dos quadris. Faça força de crescer. Atinja o eixo vertical.*

Execução: *Incline o corpo todo para frente, como uma tábua. Não deixe o corpo dobrar. Ele deve inclinar para frente retinho. Faça isso até que o peso do corpo caia sobre a ponta dos pés, mas sem que os calcanhares se desprendam do chão. Os dedos dos pés devem apertar o chão levemente, sem fazer garras. Mantenha a posição por 5 segundos e volte ao alinhamento vertical. Repita a operação 5 a 10 vezes*

Número de Séries: *2 a 3 com intervalo de 5 segundos ou mais (deve-se sentir que o músculo está ficando firme, mas* *não cansado).*

Cuidados: *Atenção ao alinhamento do corpo. Nenhum exercício proposto deve causar dor.*

8) Passo contra resistência

Figura 39. Passo contra resistência.

Posição: *Em pé, bem ereto, buscando a vertical, e fixe um ponto no horizonte com o olhar.*

Execução: *Prenda uma faixa elástica para exercícios físicos num espaldar, num poste ou em algo parecido, e segure uma ponta em cada mão, na altura do umbigo. Faça força de crescer e dê um passo à frente contra a resistência do elástico. Use toda a amplitude da perna de impulsão. Jogue bem o chão para trás e não deixe de crescer um momento sequer. É comum, nesse exercício, as pessoas levarem o pé que vai à frente muito longe do corpo e perderem altura. Lembre-se de que o lugar de o pé tocar o chão é embaixo do corpo. Repita 10 a 15 vezes.*

Número de Séries: *2 a 3 com intervalo de 10 segundos ou mais (deve-se sentir que o músculo está ficando firme, mas não cansado).*

Cuidados: *Atenção ao alinhamento do corpo. Nenhum exercício proposto deve causar dor.*

Variação:

8B) Passo contra resistência sobre a cabeça

Figura 40. Variação do exercício anterior, porém, com o elástico acima da cabeça.

Posição: Mesma do exercício anterior, porém com elástico sobre a cabeça.

Execução: Faça o mesmo exercício, mas, desta vez, segurando as duas pontas do elástico com as duas mãos acima da cabeça. Nessa posição, o elástico irá te puxar para trás, tentando estender seu tronco (levando cabeça e ombros para trás da bacia); force o contrário, cabeça e peito levemente à frente da bacia. Você deve sentir que toda essa força se ancora no abdômen. Dê o passo à frente sem deixar que mãos, cabeça e peito fiquem para trás. Volte para trás e troque de perna. Repita 10 a 15 vezes.

Número de Séries: 2 a 3 com intervalo de 10 segundos ou mais (deve-se sentir que o músculo está ficando firme, mas não cansado).

Cuidados: Atenção ao alinhamento do corpo. Nenhum exercício proposto deve causar dor.

Ficando fácil, aumente a resistência do elástico. Mas garanta que o movimento esteja sendo bem executado.

9) Marcha com pêndulo

Neste exercício, usaremos o pêndulo para ajudar a nos deslocar para a frente. Mas vamos já tentar não pendular voluntariamente; deixe acontecer.

Figura 41. Marcha com pêndulo. Cresça, olhe o horizonte, e desloque o corpo na direção do olhar caminhando com alta frequência de passadas.

Posição: *Em pé, bem ereto, buscando a vertical, e fixe um ponto no horizonte com o olhar.*

Execução: *Desloque o corpo na direção deste ponto. Cada passo dado deverá te levar apenas nesta direção. Não para o lado, nem para cima. Só à frente. Vá acelerando lentamente, até desenvolver a caminhada mais rápida que puder, sempre se deslocando só à frente. Não corra ainda, só ande rápido. Faça trechos curtos de cerca de 20m, pare e repita 5 vezes.*

Número de Séries: *2 a 3 sem intervalo*

Cuidados: *Atenção ao alinhamento do corpo. Já atente aqui à alta frequência de passadas. Nenhum exercício proposto deve causar dor.*

FASE 3 - Construindo a corrida

Independente do número de sessões semanais

Duração: Até a automatização do movimento ou sempre que necessário revisar
Manutenção das fases 1 e 2: exercícios 4, 6 e 8
Exercícios: 10, 11 e 12

Após termos construído boa sustentação e boa propulsão, agora só resta encaixar os dois e construir a corrida ideal. Para isso, treinaremos correr mantendo uma boa sustentação (crescendo), em alta frequência de passadas à frente (180-190 TPM).

O aprendizado desse novo padrão de corrida normalmente é inconstante. Você, provavelmente, oscilará entre movimentos ótimos e outros não tão bons. Independentemente de como esteja, tente sempre manter a sustentação e a propulsão só à frente.

Espera-se que, com o passar do tempo, seja cada vez maior o percentual de corrida em bom padrão, dentro de uma sessão de treino. Isso deve seguir melhorando, até que fique consistentemente bom.

Fatores como fadiga, dores, distrações (correr conversando) podem prejudicar a manutenção da boa postura e do bom movimento. Portanto, nas fases de maior fadiga no treino, capriche mais na postura e evite maiores distrações nessa fase de aprendizado inicial.

10) A corrida nasce da caminhada

É importante compreender esta relação da corrida com a velocidade.

A corrida é um padrão de movimento desenvolvido para altas velocidades. Se você está numa velocidade em que é possível caminhar, o melhor padrão de movimento é a caminhada. A caminhada permite 100% do tempo com, pelo menos, um pé no chão. Mais estável que a corrida, na qual, numa parte do tempo, estamos voando, e, em outra parte, estamos apenas com um pé no chão.

Tente, sempre que for correr, iniciar o movimento caminhando. Acelere seu corpo, aumentando a frequência de passadas, até um ponto em que não seja mais possível caminhar, e, só então, comece a correr. Isso rebocará seu corpo na direção desejada, e a corrida acontecerá naturalmente.

Figura 42. Educativo para construção da corrida a partir da caminhada.

Posição: Em pé.

Execução: Faça força de crescer, fixe o olhar no horizonte, comece a caminhar na direção do ponto fixado pelo olhar, aumente a velocidade gradualmente, aumentando a frequência de passadas e, assim que o corpo estiver rápido o bastante, comece a correr naturalmente. Quanto mais natural for a transição da caminhada para a corrida, melhor. Corra por 20 a 30 metros e repita 5 a 10 vezes.

Número de Séries: 1 série como aquecimento antes dos treinos.

Cuidados: Não pense muito, apenas faça a força de crescer e se desloque na direção desejada com alta frequência de passadas. Nenhum exercício proposto deve causar dor.

Importância do olhar no horizonte

Figura 43: Olhar sempre focado no alvo da corrida. No caso do cachorro, foco na presa. No nosso caso, foco no horizonte. (crédito da imagem: Katrin B)

A visão tem grande importância no controle da postura e do movimento. A visão periférica nos permite perceber se o corpo está se deslocando e permite que o SN, com base nessa informação, ajuste nosso equilíbrio. O foco do olhar no horizonte ajuda a direcionar nosso deslocamento e dá referências se estamos nos movendo em direções diferentes da planejada.

Outra importância do olhar no horizonte é detectar, com antecedência, a presença de obstáculos, buracos na pista, pessoas a desviar, etc.

Portanto, durante qualquer exercício e durante os treinos de corrida, mantenha seu olhar no horizonte. Sempre que for necessário desviar o olhar, retorne naturalmente o olhar para a frente em seguida.

11) Deslocamento só à frente/ propulsão só para trás

Figura 44. Use uma linha como referência para direcionar a força de empurrar o chão somente para trás.

Posição: *Em pé.*

Execução: *Use como referência uma linha reta no chão. Com um pé de cada lado da linha, treine se deslocar somente à frente, acompanhando a linha. Garanta que a força de propulsão do pé seja no sentido de lançar o chão para trás, paralelamente à linha. Mantenha a força de crescer durante todo o exercício. Corra por 20 a 30 metros e repita 5 a 10 vezes.*

Número de Séries: *1 série como aquecimento antes dos treinos.*

Cuidados: *Não pense muito, apenas faça a força de crescer e se desloque na direção desejada com alta frequência de passadas. Nenhum exercício proposto deve causar dor.*

12) Treino de frequência de passadas

A melhor forma de treinar a frequência certa de passadas é usando um metrônomo. Há modelos analógicos, mas, atualmente, há inúmeros aplicativos de celular, tablets e até relógios que podem ser utilizados.

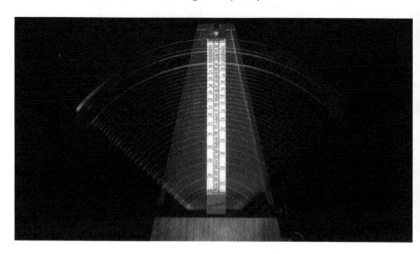

Figura 45. Metrônomo. Instrumento usado por músicos para marcar ritmos. (Crédito da imagem: swooshed)

Posição: Em pé.

Execução: Programe o metrônomo para dar 180 bipes por minuto, para começar. Corra por alguns minutos, tentando dar um passo a cada bipe.

Número de Séries: Insira nos treinos longos trechos de 1 minuto ao som do metrônomo. Não recomendo correr o tempo todo com o metrônomo, intercale trechos de corrida sem ele, mas tentando manter a alta cadência.

Cuidados: *a busca por maior cadência pode provocar rigidez na passada. Empurrar o chão para trás e tentar trazer o pé rapidamente à frente pode provocar a contração simultânea dos músculos que fazem ações opostas e o enrijecimento da perna.*

Não tente trazer o pé para a frente de novo, deixe que isso ocorra naturalmente. Pense apenas em empurrar o chão para trás com alta frequência. Após o desprendimento do pé do chão, relaxe essa perna que, por inércia, continuará o movimento para trás e voltará, sozinha, à posição embaixo do corpo (Figura 46). Nenhum exercício proposto deve causar dor.

Figura 46: a seta vermelha mostra o erro comum ao tentar trazer o pé de volta à posição em alta frequência. A linha verde mostra o caminho correto do pé. Sempre lembrando que essa volta do pé é passiva; se você relaxar a perna após o desprendimento do pé, ele fará essa volta sozinho.

À medida que for conseguindo atingir, com naturalidade, esta frequência de 180 TPM, aumente para 190 e tente novamente. A frequência deverá ser essa, em qualquer velocidade de corrida. O que muda é somente a força que você fará. Para correr mais rápido, empurre o chão mais forte, e isso fará você percorrer uma distância maior, no mesmo tempo de voo.

Programa completo: "Em busca da corrida ideal"

Programa de 2 sessões semanais

Fase 1
Semana 1: Exercícios 1 a 4 (sem as variações)
Semana 2: Exercícios 1B, 2B e 3B + 4, 4 B e 4C
Semana 3: Exercícios 1B, 2B e 3B + 4, 4 B e 4C + 5 e 6

Fase 2
Semana 4: Exercícios 4, 4C e 6 (manutenção) + exercícios 7, 8 (A ou B) e 9

Fase 3
Semana 5 em diante: Exercícios 4, 6 e 8 (manutenção) + exercícios 10, 11 e 12

Duração: *Até a automatização do movimento*

* É recomendado manter os exercícios 1 a 3 (e variações) junto a seu treino de musculação ou treino de força durante todo o tempo

Programa de 4 a 5 sessões semanais

Fase 1
Semana 1: Exercícios 1 a 4 (sem as variações)
A partir da 3ª sessão: Exercícios 1B, 2B e 3B + 4, 4 B e 4C
Semana 2: Exercícios 1B, 2B e 3B + 4, 4 B e 4C + 5 e 6

Fase 2
Semana 3 (3 sessões): Exercícios 4, 4C e 6 (manutenção) +
exercícios 7, 8 (A ou B) e 9

Fase 3
Semana 3 em diante (após fase 2): Exercícios 4, 6 e 8
(manutenção) + exercícios 10, 11 e 12

Duração: Até a automatização do movimento

* É recomendado manter os exercícios 1 a 3 (e variações)
junto a seu treino de musculação ou treino de força durante
todo o tempo

Considerações

O programa "Em busca da corrida ideal" pode ser feito a qualquer momento do seu ciclo de treinamento, mas especialmente no período de treino de base.

O programa pode ser realizado quantas vezes forem necessárias e revisões anuais são encorajadas.

Nenhum exercício proposto deve causar dor. Caso aconteça, atente-se à correta execução do exercício e, caso a dor persista, interrompa-o.

A correta execução do programa não deve piorar sua performance, pelo contrário, o mais comum é que se perceba maior facilidade ao correr. Caso sinta qualquer dificuldade nesse sentido, verifique: I. se a execução dos exercícios está correta; II. se está correndo de forma rígida ou; III. se está correndo mais rápido que o habitual.

Como saber se está fazendo certo?

Uma vez que tenhamos conseguido construir uma boa sustentação, que tenhamos conseguido manter essa sustentação com toques dos pés embaixo do centro de massa do corpo e que tenhamos conseguido levar o corpo à frente, empurrando o chão para trás, em alta frequência de passadas, a chance de estarmos correndo bem é altíssima. Mas há algumas formas de conferir se estamos realmente certos.

Dicas de feedback

Suavidade do som da corrida

Um bom feedback de que a corrida vai bem é o som suave das passadas. Aprenda a ouvir o som de seus passos. Uma boa corrida tem som suave, ritmado e simétrico (os dois pés fazem o mesmo som).

Sons mais secos, de batida, mostram que o pé está chegando verticalmente e parando no chão. O pé deve tocar o chão já o empurrando para trás. Se ouvir um som de batida assim, dê mais continuidade à passada, faça com que o pé já toque o chão empurrando, adquirindo assim um aspecto mais cíclico.

Se houver assimetria nos sons da passada, foque na simetria. Faça o mesmo movimento de empurrar com as duas pernas. Na maioria das vezes, não corrigimos assimetrias fazendo uma ação assimétrica contrária, mas sim buscando a igualdade entre as duas pernas.

Sons de escorregamento do pé ("tchi, tchi") não são perigosos, normalmente, do ponto de vista do risco de lesões, mas demonstram perda de energia. Uma parte da força empregada em empurrar o chão fez o pé escorregar, não havendo tração. Procure apertar um pouco mais o pé no chão, dando tração.

É interessante prestar sempre atenção ao som da passada. Corra sem música, pelo menos de vez em quando, e, principalmente, na fase em que estiver treinando o aprimoramento da técnica. Porém, esse parâmetro não é absoluto. É possível correr silenciosamente sem estar com uma técnica perfeita. Pense como você correria para chegar de surpresa e dar um susto em alguém. Provavelmente abaixado. Esse é um exemplo de corrida silenciosa, mas sem uma sustentação em boa postura. Mas se você crescer e estiver silencioso, a chance de estar certo é grande.

Corrida leve (menos cansaço)

A boa corrida é econômica. Você gasta menos energia para correr numa determinada velocidade. Portanto, menos cansaço, menor frequência cardíaca que a habitual para uma velocidade submáxima, ou a capacidade de correr mais rápido que antes são sinais de que a técnica da corrida está melhor.

No início da fase de aprimoramento técnico, esse alívio do esforço pode não ser percebido pelo excesso de concentração no movimento ou, principalmente, se houver rigidez na passada. É comum o corpo contrair mais músculos do que precisa quando ainda não sabe exatamente qual a musculatura adequada. É possível que esteja fazendo muita força para crescer. Repare se seus ombros estão elevados e rígidos, se seu abdômen ou os músculos das costas estão contraídos demais. Observe se as passadas estão com aspecto leve. A busca por aumento de frequência das passadas pode enrijecê-las, como explicado anteriormente. Foque apenas no empurrar, deixando que o pé volte à frente naturalmente.

Alívio de dores

A boa mecânica de corrida oferece pouca sobrecarga localizada nos seus tecidos. Quando estiver correndo bem, você perceberá maior conforto nas articulações, nos tendões, nos pés, etc. Algumas dores que você costumava sentir vão começar a desaparecer. Treinos melhores não provocarão dor alguma, enquanto alguns treinos vão provocar desconfortos. No início, essa inconsistência é normal, mas um bom indício de que as coisas estão evoluindo bem é o alívio gradual de dores no corpo.

Dores musculares simétricas (nas duas pernas ou nos dois lados do corpo) e generalizadas (não pontuais) são apenas indícios de trabalho muscular forte. Não são fatores de preocupação.

Filme-se

Um recurso bastante fácil de ser usado atualmente é a filmagem da sua corrida. Todos têm acesso a uma câmera filmadora, mesmo do celular. Filme-se, durante a corrida, de frente e de lado, e compare o que vê com as imagens deste livro, que ilustram boas sustentações e boas propulsões.

Dicas para filmagens

De frente: Apoie a câmera em algo firme, de preferência num tripé. Dê zoom na câmera para que ela te pegue inteiro na tela, num trecho do percurso em que você esteja em velocidade constante, não freando ou acelerando. Venha em linha reta de frente para a câmera para evitar se filmar fazendo curvas, o que faria com que o ângulo de visão ficasse distorcido.

De lado: Deixe a câmera apoiada em superfície firme e parada perpendicularmente à pista. Não tente girar a câmera para acompanhar o movimento. Deixe-a parada e capture imagens de, pelo menos, um ciclo completo de passada. Essas imagens devem ser visualizadas em câmera lenta ou quadro a quadro, pois a passagem em frente à câmera costuma ser muito rápida.

O que observar

De frente: Com o vídeo rolando, observe se o deslocamento do corpo é só à frente ou se há deslocamentos laterais, ou muita rotação do tronco. Observe também se há o aspecto de saltitamento (errado).

Parando o filme no momento do apoio médio (aquele em que há um pé apoiado no chão e a perna livre está ao lado da perna de apoio), observe se a sustentação numa perna só está alinhada na vertical e se a bacia está alinhada na horizontal.

De lado: Parando a imagem quadro a quadro, observe o ponto em que o pé toca o solo. Observe se esse ponto está embaixo do tronco. Observe o quanto o corpo "afunda", desde o primeiro contato do pé com o solo até o apoio médio, e o quanto o corpo sobe novamente, após esse ponto. O ideal é ter bem pouca oscilação vertical.

Concluindo

Muito bom, até aqui, entendemos como as lesões ocorrem na corrida, como é o movimento ideal e como construí-lo.

Siga a planilha de treinamento. Fique sempre atento à forma de execução dos exercícios e vá construindo gradualmente sua nova corrida.

A seguir, complementaremos com dicas de corrida em subidas e descidas e comentaremos, a título meramente informativo, sobre a pisada.

Complemento

Como correr em subidas e descidas?

Depois de aprender a correr melhor no plano vem a dúvida:

"Mas, e na subida, é igual? E pra descer? Sinto mais dificuldade na descida que na subida, chego a andar pra não me machucar."

Como é, então, a corrida ideal em aclives e declives?

Na subida, não há muito segredo. Acredito que a dica mais importante seja não olhar para baixo. O olhar direciona nosso movimento. Olhe para onde quer ir, para o alto da subida. Se o piso for irregular, olhe para a frente para poder identificar as irregularidades e, quando necessário, olhe para baixo, para poder "desviar" do obstáculo, mas, assim que possível, volte a olhar para o alvo (para onde você quer chegar).

Figura 47. Corrida na subida. Olhar para frente ou para o ponto alto do aclive. Passos curtos e frequentes com deslocamento do corpo paralelo ao terreno.

Esse olhar para a frente/para cima tende a manter seu corpo na inclinação desejada. De resto, empurre o chão na direção contrária à que você deseja ir, ou seja, para trás e para baixo, para que você se desloque para cima e para a frente. Preste bastante atenção a isso. Olhar no alvo e propulsão somente nessa direção. Por incrível que pareça, muita gente corre saltando na subida, o que eleva enormemente o gasto energético e sobrecarrega bastante as panturrilhas e o quadríceps.

Figura 48. Corrida na subida com passada ampla. Grandes saltos e desperdício de energia.

Por fim, a última dica da subida: mantenha a frequência de passadas alta. Também é muito comum baixar a frequência na subida, o que faz com que cada passo tenha que ser muito mais forte. Aumentar a frequência de passadas equivale a pagar uma conta com mais parcelas e com desconto. Só bobo não vai querer.

E na descida?

Ah, aí, sim, tem segredo. É necessário ter técnica para correr bem na descida.

E o segredo é saber angular o corpo corretamente. A intuição, normalmente, faz com que inclinemos o corpo para trás ao correr em declives. Em minhas observações em campos de treino de corrida, vejo que o padrão mais comum em amadores é inclinar o corpo para trás e descer com uma freada brusca em cada passada. É extremamente comum ouvir passadas com sons secos e altos na descida.

Figura 49. Corrida na descida com o tronco inclinado para trás. Pouco rendimento e grande sobrecarga.

Esses freios gastam energia e colocam grande sobrecarga nos pés, nas panturrilhas, nos tendões calcâneos (Aquiles), nos quadríceps e região anterior do joelho, no quadril e na coluna lombar. O que era para ser bom – aproveitar a gravidade – torna-se cansativo e dolorido.

O certo, portanto, é contrariar esse instinto de jogar o corpo para trás. Jogue o corpo para a frente.

Mas quanto?

A referência não é o piso, mas a linha da gravidade,

ou linha vertical.

Figura 50. Inclinação do corpo para correr. Observe que
no plano (esquerda) e na descida (centro), a inclinação em
relação à vertical é a mesma, o suficiente para o peso incidir
sobre a ponta dos pés. Á direita, inclinação inadequada, com
o corpo para trás.

Observe a Figura 51: Em A), o pêndulo à frente faz
com que o peso do corpo atinja a ponta dos pés. Nessa
condição, o próprio peso do corpo cria uma tendência
de movimento à frente. Essa angulação com relação à
gravidade no plano é igual ao fechamento do ângulo
do corpo com o solo. Mas, na descida, essa mesma
angulação em relação à gravidade, que cria a mesma
tendência de movimento à frente do corpo, pode ser
até um ângulo aberto do corpo com o solo.

Na prática, para saber que ângulo é esse, experimente
parar numa descida. Mantenha o corpo numa posição

confortável para ficar parado. Cresça, obviamente. E, agora, pendule o corpo à frente, até que tenha que fazer força na ponta dos pés para se manter parado. Sinta que o peso está nas pontas dos pés. Nessa posição, é só deixar a gravidade te levar e sustentar o corpo ao longo da descida. Se você estiver crescido (alto) e a corrida for silenciosa, a chance de a corrida estar correta é grande.

Observe que, para determinar o local de contato do pé no solo, a referência é a linha da gravidade. O pé deve tocar o solo onde a linha da gravidade o encontra. E não na perpendicular do peso com o solo. Para entender melhor isso, vejamos a Figura 52.

Figura 51. Á esquerda, local ideal de apoio do pé na descida. Á direita, toque do pé inadequado à frente da linha vertical da gravidade.

Esse é o maior segredo da corrida em descidas. De resto, mantenha o olhar aonde quer chegar e a frequência alta de passadas. Deixe o corpo descer. Muito cuidado para, assim como na subida, não saltitar na descida. Isso aumenta consideravelmente a força necessária para se sustentar. Deixe o corpo descer num movimento linear, paralelo ao solo.

Figura 52. Corrida adequada na descida. Corpo mantendo inclinação à frente em relação à linha da gravidade e deslocamento paralelo ao terreno.

Pronto. Agora você está apto a correr no plano, em aclives e em declives de maneira segura e eficiente.

Para você, que corre em outros terrenos, como nas corridas de aventura, ou pratica outros esportes em que a corrida é um mero instrumento, espero que faça bom proveito da leitura e dos treinos. Em outras oportunidades, poderemos discutir a corrida em terrenos irregulares e as mudanças de direção, tão essenciais em esportes de jogo.

E para você que é um corredor de rua, suas principais demandas em treinos e provas estão contemplados aqui. Aproveite seus treinos, curta cada passo, respeite seu corpo, ouça o que ele quer dizer. Por exemplo, às vezes, ele pede muito que você não complete a planilha naquele dia. Escute. Repare em dores recorrentes, elas estão te avisando de uma sobrecarga local. Lembre-se de que quase tudo tem a ver com falhas na sustentação. Então procure crescer e acertar as passadas. Caso as dores persistam, não hesite em procurar um profissional. Ignorar dores para poder treinar no presente pode custar muitos treinos no futuro.

No mais, siga em busca da corrida ideal e lembre-se do nosso mantra: Cresça.

Anexo

A pisada

Como comentado anteriormente, quando falávamos da corrida ideal, não gostaria de abordar este assunto junto ao entendimento e à construção do movimento de corrida. Justamente porque a pisada é um componente segmentar de um macromovimento realizado pelo corpo todo. Dar muita atenção a um componente segmentar mais atrapalha que ajuda na construção de uma boa mecânica de corrida.

Meu desejo era sequer abordar esse assunto. Mas, por se tratar de algo que desperta grande interesse no corredor e no mundo da corrida de rua e, por ser tema, de certo modo, polêmico, resolvi tratar do assunto como um anexo ao corpo principal do texto.

Abordarei o assunto mais explicando o porquê de não dar tanta importância a ele do que explicando-o de fato.

Por que esse assunto gera tanto interesse e tanta polêmica?

Acredito que duas principais razões explicam o tamanho interesse pela pisada na corrida.

Em primeiro lugar, a indústria do calçado esportivo fez seu papel e valorizou extremamente seu produto. A corrida, que é tida como um esporte democrático, em que basta calçar o tênis e sair para correr, agregou valor financeiro justamente naquilo que se julga essencial, o calçado. Muita tecnologia é empregada, muito investimento é feito para desenvolver calçados com cada vez mais qualidade e, nessa luta por mercado, a pisada ganhou fama e importância.

Associada a isso, a visão segmentar do corpo humano é predominante no ensino do movimento. Aprende-se, nas universidades de educação física, medicina e fisioterapia, como funciona cada um dos segmentos do corpo. Aprende-se como se move o pé, como se move o joelho, e assim por diante. Raramente se estuda o corpo movendo-se em um contexto de uma tarefa e controlado por um SN. Dessa forma, mesmo quando se estuda o movimento numa tarefa específica, na verdade, está-se estudando o comportamento de cada parte do corpo dentro desse conjunto. Não o corpo funcionando como unidade.

Por exemplo, ao se estudar a biomecânica da corrida, aprende-se o que o pé faz em cada fase da corrida, soma-se a isso o que o joelho faz em cada fase, e assim por diante, tentando montar o todo a partir da soma das unidades. Mas o SN não trabalha assim segmentarmente. Ele integra os vários segmentos num todo. E controla esse todo, e não as várias unidades, na busca por cumprir uma tarefa.

Ao se perder essa referência, pode-se interpretar

erroneamente um movimento complexo.

Como é a relação da pisada com o movimento de corrida?

A ênfase na pisada leva a crer que o pé é o causador dos desvios de movimento que ocorrem acima dele, na cadeia articular. Por exemplo, pode-se acreditar que o joelho vira para dentro (valgo) porque o pé prona. Entretanto, o mais provável é que o pé prone para se adequar ao movimento de todo o corpo, que culmina também com um joelho valgo.

Faça uma experiência: fique de pé, num pé só. Force os joelhos para dentro sem tirar o pé do chão. O que aconteceu com seu pé? Provavelmente, ele pronou, virou para dentro também. E se virar o joelho para fora? Ele irá supinar.

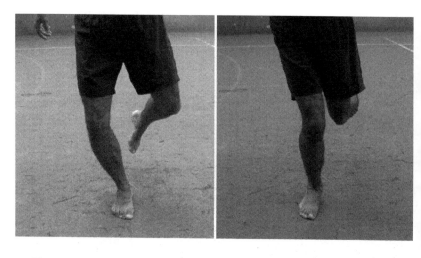

Figura 1 (Anexo). Pronação do pé devido a um movimento

forçado do joelho para dentro (direita) e; Supinação do pé devido a um movimento forçado do joelho para fora (esquerda).

Agora, pare de pé numa rampa, mas com o corpo de lado, de modo que um pé fique mais no alto e o outro mais embaixo. Distribua o peso igualmente nos dois pés. O que aconteceu?

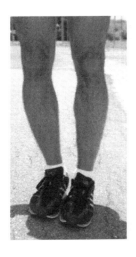

Figura 2 (Anexo). Ao ficar parado de lado numa descida os pés precisam se ajustar para manter o corpo na vertical. O pé que está mais no alto pronará, o pé mais embaixo supinará.

Para se ajustar ao desnível do terreno, o pé de cima pode ter pronado, e o de baixo, supinado. Mas seu corpo continuou na vertical, alinhado com a força da gravidade e, provavelmente, seus joelhos não viraram nem para dentro nem para fora.

Esse experimento mostra o importante papel dos pés.

Eles se adaptam ao terreno, exigindo pouco ou nenhum ajuste do corpo. Por outro lado, um desalinhamento na descarga de peso do corpo (forçar o joelho para dentro, por exemplo) leva o pé a ter que se ajustar.

Portanto, em relação aos ajustes laterais de equilíbrio do corpo, o pé é muito mais vítima do que vem de cima do que culpado pelo que ocorre lá.

E em relação ao primeiro toque no chão, devo pisar com o calcanhar ou com a ponta do pé?

Esse é mais um dos pontos em que se deu demasiada atenção. Observo em alguns pacientes e em atletas treinando uma busca voluntária por tocar esta ou aquela parte do pé no chão.

Dentro de um continuum de velocidade aumentando progressivamente, percebemos o padrão natural de a pisada passar do toque inicial do calcanhar para o toque só da ponta do pé.

Deixe explicar melhor. Ao caminharmos, o deslocamento do peso do corpo sempre à frente faz com que seja natural o primeiro toque no calcanhar, seguido do meio do pé e da ponta. Na marcha, o tempo de apoio do pé é bastante grande e, enquanto o corpo vai se deslocando para a frente, cada vez uma parte do pé vai recebendo carga (da parte de trás à parte da frente do pé).

Figura 3 (Anexo). À esquerda, contato inicial do pé adequado na marcha. **Figuras centrais, contato inicial e transmissão de carga adequadas no pé durante a corrida, do calcanhar para a ponta. À direita, contato inicial inadequado na corrida.**

Ao aumentarmos a velocidade, gradualmente, chegaremos a um ponto em que não é mais possível andar; passamos a correr ou a trotar. Isso significa que estamos nos deslocando à frente, assim como na caminhada, mas numa velocidade em que não é mais possível ter os dois pés no chão na troca de um pé ao outro. Há uma fase aérea entre o contato de cada pé. Mas a velocidade da corrida ainda é baixa, e o tempo de apoio ainda alto. Da mesma forma como na caminhada, o peso do corpo deve ser suportado cada vez por uma parte do pé. Como o corpo vai se deslocando para a frente, é natural que a primeira parte do pé a receber carga seja o calcanhar, seguida do meio do pé e depois da ponta. Importante lembrar que o calcanhar é o primeiro a tocar, mas o ponto de contato com o solo é embaixo do corpo, o que faz o apoio nessa região ser breve e o peso do corpo rapidamente passar ao meio e à ponta do pé.

Cada vez que aumentamos a velocidade, diminuímos o tempo de apoio. Dessa forma, cada vez é menor o tempo de apoio no calcanhar, e mais rápido o peso do corpo chega à ponta do pé. Se aumentarmos a velocidade até algo próximo da nossa velocidade máxima (chamada de sprint ou de "tiro"), o tempo de apoio é tão reduzido que somente a ponta do pé toca o chão.

A ponta do pé é a região propulsora e, numa corrida com velocidade máxima, perdemos pouco tempo sustentando e usamos o tempo de apoio basicamente para impulsionar o corpo à frente com potência máxima. Exatamente por estarmos falando de velocidade próxima à máxima, essa não é a mecânica ideal de corrida do fundista.

Observe uma criança correndo. Esse padrão é tão natural que ela faz isso sem pensar, sem que ninguém tenha explicado isso a ela. Ela apenas corre. E é isso que buscamos aqui, a sabedoria do corpo. Os padrões de corrida que já nascem com a gente. Apenas corra. Apenas cresça e vá à frente. Os exercícios do livro são desenvolvidos apenas para que o crescer e o ir à frente ocorram num alinhamento postural e biomecânico adequado.

Se a pisada não é tão importante, qual o melhor calçado pra mim, então?

Curto e grosso. Aquele de que você gosta, aquele que se encaixa bem no pé e te dá conforto.

Minha preferência é por calçados que interferem o mínimo possível no movimento natural da corrida. Prefiro os solados mais baixos e com menos amortecimento, pois solados altos e com mais amortecimento geram mais instabilidade e maior dificuldade em executar uma das tarefas da corrida que é a sustentação. Mais fácil equilibrar num chão firme que num chão mole, não é?

Também, via de regra, excetuando-se casos isolados (e raros), costumo indicar calçados neutros. Como discutido, não há vantagem em corrigir no pé um desalinhamento que vem do corpo.

Abomino calçados com excesso de criatividade, tipo calçados com solados convexos, e muitos outros.

O bom corredor, aquele que tem boa técnica de corrida e é adaptado para isso, pode até correr descalço sem o menor problema. Mas observe bem, estou me referindo a alguém com boa técnica e adaptação. Não é para todos. Em nossa sociedade moderna, os bebês já nascem de tênis. Poucos vivenciam o estar descalço andando, brincando, correndo. A adaptação à corrida com os pés descalços envolve, entre outras coisas, o espessamento da pele da planta do pé e a adaptação da gordura plantar (feita para amortecer o impacto do pé no chão e proteger os ossos do pé). Se quiser se iniciar nessa prática, antes de correr, vivencie o estar descalço. Comece com treinos curtos e aumente progressivamente.

Agora que você tocou no assunto, dizem que o certo seria correr descalço e na ponta dos pés, é assim?

Pois é, alguns pregam isso. Mas volto à sabedoria do corpo, à naturalidade dos movimentos.

Se você correr rápido, descalço ou calçado, só a ponta do pé tocará o chão.

Se você estiver correndo descalço sobre um chão duro, bater o calcanhar no chão causará dor. Passamos, então, a apoiar o meio do pé ou a ponta, mas apenas para proteger o pé dessa batida doída. Se correr descalço sobre um chão mais macio (por exemplo, na grama ou mesmo na areia dura da praia) já será possível voltar, sem pensar, ao padrão natural de toque do calcanhar.

Se você correr descalço sobre um solo quente, tipo asfalto no verão, você tocará o chão o mínimo possível e, de preferência, irá trocar o ponto de apoio para que a parte que tocou o chão previamente tenha tempo de se resfriar.

Se você estiver correndo descalço sobre cascalho, provavelmente buscará maior área de contato com o solo, para diminuir a pressão das pedrinhas na planta do pé. Tocará toda a sola do pé no chão de uma vez só e, provavelmente, diminuirá a velocidade, pois se torna doloroso fazer muita força de impulsão.

Portanto, novamente, não pense nisso. Cresça e se desloque à frente da maneira mais natural possível. Não deixe comandos segmentares (direcionados a uma parte do corpo) atrapalharem a corrida que seu corpo nasceu sabendo fazer.

Sobre o autor

Cássio Siqueira é um apaixonado pelo movimento humano, especialmente o movimento esportivo.

Vivencia o movimento e faz dele seu lazer, sua diversão e seu prazer praticando todas as formas de atividade física e esportes que se apresentam. Do futebol (primeiro e maior amor) ao voo-livre (asa-delta), de meditação à capoeira, de natação às cavalgadas e até um pouco de corrida.

Estuda o movimento como profissional e acadêmico sendo fisioterapeuta formado na Universidade de São Paulo (USP), instituição onde também fez o mestrado e o doutorado em Ciências da Reabilitação e onde atua na formação de novos fisioterapeutas como supervisor do estágio de Fisioterapia no Esporte.

No início dos anos 2000, após ter se especializado em Fisioterapia no Esporte e Fisioterapia em Neurologia (com o intuito de aprender como o controle neural dos movimentos ajudaria no tratamento de atletas) desenvolveu junto com a Profa. Clarice Tanaka (e muitos outros colaboradores) o conceito de Reeducação Funcional da Postura e do Movimento. Este conceito, no qual se baseia o presente livro, centra o tratamento fisioterapêutico na funcionalidade do paciente por meio de uma profunda e elaborada avaliação do movimento funcional que permite sua correção com eficiência e eficácia.

Made in the USA
Middletown, DE
27 October 2023

41205539R00086